# 明代气范畴思想研究

陈慧麒◎著

线装书局

图书在版编目（CIP）数据

明代气范畴思想研究 / 陈慧麒著 . -- 北京 : 线装
书局，2019.6
ISBN 978-7-5120-3704-5

Ⅰ . ①明… Ⅱ . ①陈… Ⅲ . ①气—研究—中国—明代
Ⅳ. ①B2

中国版本图书馆 CIP 数据核字（2019）第 136738 号

# 明代气范畴思想研究

著　　者：陈慧麒
责任编辑：于建平
出版发行：线 装 书 局
　　　　　地　　址：北京市丰台区方庄日月天地大厦 B 座 17 层（100078）
　　　　　电　　话：010-58077126（发行部）010-58076938（总编室）
　　　　　网　　址：www.zgxzsj.com
经　　销：新华书店
印　　制：天津雅泽印刷有限公司
开　　本：710mm×1000mm　1/16
印　　张：14.5
字　　数：223 千字
版　　次：2019 年 6 月第 1 版第 1 次印刷
印　　数：0001—3000 册

线装书局官方微信

定　　价：58.00 元

# 目　录

# 第一章 范 畴

每个民族的思想、思维的内容和方式都有其独特性，中国哲学思想在其发展过程中，形成了一套完整、独特的逻辑结构体系。在现代中国哲学研究中，学者往往借用西方哲学的做法，分析归纳中国古代哲学思想、思维的内容和方式，并建构起一整套的范畴体系。

哲学中，范畴是对事物本质较高程度的概括和抽象的概念。范畴一词，取自《尚书·洪范》"天乃赐禹洪范九畴"。人们的思想、思维离不开范畴，离开范畴则无法思考。不同于具体学科的范畴，哲学范畴是更高层次和更深层次的概括，是互相联系的统一整体。要思考探讨问题，需要一系列范畴为支点，由此建立基本命题和结论。范畴、命题、结论彼此间是相互联系、互为整体的。

在中国哲学中，范畴不是单一的，而是复合的，即范畴包含多角度、多层次的内容。

哲学范畴不是随意的指称或符号，而是对事物的基本规定。同一个范畴在不同的哲学家那里有着不同的含义，但人们总是认为那是同一个范畴。它们是在历史中形成的，并且本身是历史对事物的意义规定和结构规定。它的功能并不是简单的指代，而是有机地将事物的方方面面综合地加以理解和规定。

中国的古人并没有概念、范畴之类的说法，他们有的只是"名"。名实论中的"名"，也绝不是名词或名称的意思，而是类似于概念范畴。"所以谓，名也；所谓，实也。"① 名是对实，即事物的基本规定，而这种规定也是不能随意改变的。

---

① 《墨子·经说上》。

故王者之制名，名定而实辨，道行而志通……上以明贵贱，下以辨同异。贵贱明，同异辨，如是，则志无不喻之患，事无困废之祸，此所以为有名也。①

名以检形，形以定名。名以定事，事以检名。察其所以然，则形名之与事物，无所隐其理矣。②

用一之道，以名为首，名正物定，名倚物徒。③

从表面上看，名只是一个指称或一个称谓。但是这不意味着名只是一个人为制作的符号，名与实之间纯粹只有外在的偶然关系。相反，名与实之间有着不容错乱的内在关系，名与实之间关联是确定的。若名实关系错乱，则意味着存在关系的错乱，这种错乱必然是人的主观造成的。正名就是要恢复原本的名实关系。

修名而督实，按实而定名。名实相生，反相为情。名实当则治，不当则乱。名生于实，实生于德，德生于理，理生于智，智生于当。④

名生于真，非其真，弗以为名。名者，圣人之所以真物也。名之为言，真也。⑤

名与实的关系严格说是"以名真物"的关系，而不仅仅是指代关系，即以名来确定实的真实状况。此外，名实关系也不是单向的，而是双向的。名实相生，名不是纯粹的名称，实也不仅仅是名指称的对象。

名实关系是客观固定的真理关系，而不是约定俗成的指称关系，这是中国古代哲学家的一致看法。正名也是正实，反之亦然。

天地与其所产焉，物也。物以物其所物而不过焉，实也。实以实

---

① 《荀子·正名》。

② 《尹文子·大道上》。

③ 《韩非子·扬权》。

④ 《管子·九守》。

⑤ 董仲舒：《深察名号》第三十五，《春秋繁露义证》卷第十，第290页，中华书局，1992年。

其所实而不旷焉，位也。出其所位，非位。位其所位焉，正也。以其
所正，正其所不正。不以其所不正，疑其所正。其正者，正其所实也。
正其所实者，正其名也。①

名并不是一个纯粹的符号，名实关系也不是任意的外在关系，而是
明确的内在真理关系。名的作用就是使人得以发现和辨别本来处于黑暗
中的事物，以此使事物得以显现。王夫之曾有言："名因物立，名还生
物。"②这很好地概括了中国哲学中的名实关系。

故名不仅仅是事物的名称，更是事物的规定。冯友兰认为："盖一名
必有一名之定义，此定义所指，即此名所指之物之所以为此物者，亦即
此之要素或概念也。"③同样的一个名，可以表达或指称多个不同的含义。
如冯友兰就区分了天的诸多含义，有"物质之天""主宰之天""运命之
天""自然之天""义理之天"。这都是天这一名的含义。

可见在中国古代人们的认识中，人们用的每个名，都可能包含多种
含义。这也使得人们在使用一个名的时候，可以自由而不间断地在各个
含义中切换。同一个哲学范畴，在不同的哲学家和不同的语境中有不同
的含义。此为范畴的横贯性，即范畴思想的广延性。不同的思想家又会
对这些范畴的意义有所增益，但不可能完全替换它们的基本意义。此为
范畴的纵贯性，即范畴思想的继承和发展。这乃是哲学史上常见的现象。
因而研究者也必须通过自己的理解，区分它们不同的含义，以便更好地
把握它们。

这就是中国哲学中范畴的多向性。多向性即多方面的联系，有横向、
纵向、纵横交错等多向联系，有高低不同层次的多向联系。

以董仲舒思想中的天范畴为例，来说明范畴的多向性。天是董仲舒
思想体系中的核心范畴。天是百神之大君，是天地间最高的主宰。对于
天，董仲舒又曾言：

天有十端，十端而止已。天为一端，地为一端，阴为一端，阳为

————————————

① 《公孙龙子·名实》。

② 王夫之：《老子衍》，《船山全书》第13册，第17页。

③ 冯友兰：《中国哲学简史》，涂又光译，北京大学出版社，1985年，第52页。

一端，火为一端，金为一端，木为一端，水为一端，土为一端，人为一端，凡十端而毕，天之数也。①

天是十端中一端，能与其他事物有多向联系。天有阴阳、四时、五行。如董仲舒所言："为人主者，予夺生杀，各当其义，若四时；列官置吏，必以其能，若五行；好仁恶戾，任德远刑，若阴阳。此之谓能配天。天者其道长万物，而王者长人。"②再通过对阴阳、四时、五行的观察，可见天的予夺生杀、列官置吏、好仁恶戾、任德远刑之意。

董仲舒所言之天，作为百神万物之主，是有意志的天，是第一层次。阴阳、四时、五行之天，是第二层次。天的予夺生杀、列官置吏、好仁恶戾、任德远刑之意，即纲常伦理、刑名赏罚等作为天之意，是第三层次。由天及人，人为天的副本，人有骨节，天有日月之数，人有四肢，天有昼夜，人有好恶，天有暖清，人有喜怒，天有寒暑，天与人有相同的生理道德本质，是第四层次。此四层次，建构了董仲舒天人感应思想。

范畴的多向性，使得在研究范畴时，不能片面单独地区分出范畴之中某一层面的含义。

古代学者一般不像我们现在这样明确区分范畴的种种含义，所以在对中国古代哲学思想诸多范畴的梳理过程中，时常会感觉中国古人在运用范畴时往往是模糊不清的，对于同一范畴，不同学者都在使用，却是在不同的意义层面上使用。这不是因为他们的思维水平低下或原始，而是因为他们采用的是另一种思维方式。

西方哲学理论是建立在存在者是实体加属性这个存在论预设的基础上的。任何事物，无论抽象的还是具体的，都是实体，实体必有种种属性。像概念这样的抽象实体，它们的属性就是它们的定义或意义。就像了解具体实体要分析它们的种种属性那样，要理解抽象实体也要分析它们的种种意义。现代中国哲学研究受西方哲学影响，也自然而然去分解范畴

---

① 董仲舒：《官制象天》第二十四，《春秋繁露》卷第七，第216—217页，中华书局，1992年。

② 董仲舒：《天地阴阳》第八十一，《春秋繁露义证》卷第十七，第467—468页，中华书局，1992年。

的多层次含义。但如果基于话语和方法的不同，只有分，没有合，在解释理解中国哲学范畴时就会有所不妥。

吉尔伯特·赖尔在《心的概念》一书中提出了"范畴错误"这个说法。他举了三个例子来说明这个问题。第一个例子是：一个外国人第一次访问牛津大学或剑桥大学，他参观了一些学院、图书馆、运动场、博物馆，参观了一些科学系和行政办公室。之后他问道："可是大学在哪儿？"这个外国人不知道大学与构成大学的各单位不属于同一类范畴，他错误地把大学当成了组成大学的那些机构的同一个范畴了。第二个例子是：一个儿童在观看一个师的分列式行进时，当别人给他一一指出了步兵营、炮兵连、装甲兵连等等之后，他又问什么时候能看到师。他大概认为，师是一个与他已看到的那些单位相当的东西，师与那些单位在一些方面相似，而在另一些方面不相似。他不知道他在看步兵营、炮兵连、装甲兵连的分列式行进时就一直在观看那个师的分列式行进。一个师的分列式行进不是步兵营、炮兵连、装甲兵连和一个师的列队行进，而是一个师的步兵营、炮兵连、装甲兵连的列队行进。第三个例子是：一个外国人第一次看板球比赛，他从别人那里得知了投球手、击球手、外场员、裁判员和记分员各自的职能，随后他说："但是赛场上还没有人负责众所周知的协作精神。我看到了谁管投球，谁管击球，谁管守门；可我没有看到，贯彻协作精神究竟是谁的任务。"他又是寻找错误的事物类型了。协作精神并不是所有那些专门任务之外的另一种板球活动。展示协作精神与投球或接球确实不是同一件事情，但它也不是这两种动作之外的事情。[①]

上述三个例子中犯"范畴错误"的人，都犯了混淆不同类型的范畴的错误。大学与组成大学的各部门和单位，师与步兵营、炮兵连、装甲兵连，协作精神与击球或接球，都不属于同一范畴。

在中国哲学研究中，这样的"范畴错误"也会在不经意间出现。如前所论天范畴，天的诸多含义，有"物质之天""主宰之天""运命之天""自然之天""义理之天"。这都是天这一名的含义，但是都不能完全替代天范畴本身。当然天范畴不是天本身，而是把与天相关的一切含义组织起来。故其中的诸多含义都是有机联系统一的，内涵丰富。单单用现

---

① 吉尔伯特·赖尔：《心的概念》，商务印书馆，1992年，第10—12页。

代语言去解说就丧失了其丰富的内涵了。《中庸》的开篇第一句是"天命之谓性"，根据朱子的解释"天以阴阳五行化生万物，气以成形"，那么天可以为"自然之天"。但是如此理解天，自然之天又如何能命？还有"君子之道，造端乎夫妇；及其至也，察乎天地"，天地显然是自然，但人从考察天地自然，可以得到君子之道。这又不仅仅是自然意义了。这里的天因为其本身的多内涵，可以自然过渡。

由此，在对中国哲学的研究中，要注意分析与综合的统一。分析是用以区分的，综合是用以组合的。区分范畴的不同含义，是必要的，也是不可避免的。没有这种区分，就无法知道这些范畴的基本内容，它们就只是一些毫无规定的空洞的范畴。然而，这些不同的含义只有相对的独立意义。如果单纯用某一含义去替换这个范畴，这就会限制、消解了范畴本身的丰富内涵。范畴的多层次含义是一个有机的整体，在这个整体中，各层次含义之间有着错综复杂的关系，所以必须在这样整体的错综复杂关系中来理解它的某个含义。离开这个由种种不同含义组成的整体，单独理解某个含义是毫无价值的。

例如，戴震在《孟子字义疏证》中释"天道"时，就将其分析出几个层面的含义。其一，"道，犹行也；气化流行，生生不息，是故谓之道"[1]。道相当于气化，故"一阴一阳之谓道"。其二，形而上者谓之道，形而下者谓之器，"形而上犹曰形以前，形而下犹曰形以后。阴阳之未成形质，是谓形而上者也，非形而下明矣"[2]。形而上者的道就是未成形质的阴阳。其三，宋儒提出的"求太极于气之阴阳所由生"，显然是将道认定为本体。这虽然是戴震所反对的，但也是戴震所提出来的道的一层含义。戴震区分了道的几层含义，是人们从先秦以来对道的认识的概括总结，特别是针对宋以来对道的解释而阐发的。然而戴震在解说道的几个层面含义时，也是相当圆融的。我们的分析还是通过现代话语和方法，进一步梳理而来。

我们现在沿用西方哲学的话语和方法，去解释中国哲学思想，去分析种种含义。因而，在古代学者那里，天人、形上形下、道器、本末、

---

① 戴震：《孟子字义疏证》卷中，中华书局，1981年，第21页。

② 同上书，第22页。

体用、理气等范畴关系都是浑然一体、切换自如的，但现代研究者梳理解释它们却是相当困难。不管怎么解释，似乎总有未安。这是由于在现代的哲学研究中我们注重分析梳理其内在的含义，但却可能会在分析梳理过程中忽视了这些含义原本是一个整体。而这些解析出来的不同含义，只有在这个整体中才有意义。这是在研究中值得注意的问题。

对于范畴的运用往往是和人们的思维方式相关联的。对于中国人的思维方式，普遍的看法是中国人并不将世界看作可分割的对象，而是当成一个动态关联的有机整体，因此相较于西方的分析思维，中国思维更主要是一种关联思维。关联性思维在中国哲学的范畴解释中体现为虚实的转换，抽象与具体的统一。人们的思维在抽象和具体间互动，从具体思维上升到抽象思维，再从抽象思维落实到具体思维上。一些范畴就来自具体的事物，并保留了其具体的表征，但又经过抽象化，具有抽象概括性。

例如，有无范畴，老子言："三十辐共一毂，当其无，有车之用。埏埴以为器，当其无，有器之用。凿户牖以为室，当其无，有室之用。故有之以为利，无之以为用。"[①] 老子的有无范畴利用具体物象来分析。车之有、器之有、室之有，都是具体有形体的有，从中可归纳出一般的抽象的有。具体有形体的有是有规定的，而抽象无形的有是无规定的。此抽象无形的有进一步抽象，便成为本体的有。同样，毂之无、器之无、户牖之无，都是具体有形体的无，可从中抽象出一般的抽象的无。具体有形体的无是有规定的，而抽象无形的无是无规定的。此抽象无形的无进一步抽象，便成为本体的无。有无范畴，都是有多层次的。具体的有、一般的有、本体的有，具体的无、一般的无、本体的无，虽有差异，但都是有、无。所以学者在论说时，只是用有、无范畴，并没有明确地区分。如此，则在论本体的有无、抽象的有无时，都还可以是以具体的有无来讨论。这样的关联性思维是中国人思维的特征之一。

现代中国哲学的范畴研究方式虽然是学习西方哲学而来的，但研究范畴在中国历史上早已存在。先秦时期韩非有《解老》篇，从法家观点出发对《老子》的范畴做解释。东汉时期有《白虎通义》，是班固对当时天人感应思想范畴体系的说明。南宋程端蒙有《性理字训》、陈淳有《北溪字义》

---

① 《老子》第十一章。

等，阐释程朱理学范畴体系。清代戴震有《孟子字义疏证》，则从明清实学思潮角度阐释范畴。

考察研究中国哲学范畴，可以揭示思想发展的内在逻辑。哲学思想的发展，就是范畴发展，即新的范畴提出，已有范畴的内涵和外延不断修正、丰富的过程。中国哲学范畴是和社会思潮相统一的。一个时代有其核心范畴体系，一个思想家也有其核心范畴体系。先秦时期诸子百家各有其核心范畴体系，如儒家太极、阴阳、中庸、性情、义利等，道家的道、气、神、有无、动静等。两汉以来经学思想时期中，有元气、太虚、三纲五常、因革等。魏晋玄学时期，玄学范畴体系中产生了体用、本末、言意、自然和名教等。隋唐时期中国佛教派别形成，各派也选择了不同的核心范畴体系，如法界、真如、佛性、止观、缘起等。宋以后理学形成，建构起核心范畴体系，有道、理、太极、性、心、情、才、诚、静、敬等。近代以来，西方学术大量输入，中国自有的哲学范畴和西方哲学范畴相结合，以西学补充、修改、丰富原有的核心范畴，如太极、气、道、知、行等范畴西学化，也出现了以太、进化、民生等新的范畴。

考察研究中国哲学范畴，也可以揭示中国哲学的特点。中国哲学在其独立发展过程中，形成了一套自己的范畴体系。中国哲学范畴，有些是西方和印度哲学所没有的，如气、道、太极等，有些是与西方和印度哲学中的范畴相似而含义大不相同的，如神，西方主要指超越的上帝，而中国哲学中除了指人格神之外，主要指神妙的变化。中国哲学范畴更反映出中国人的思维方式和思考问题的思路。

# 第二章　气范畴

气，是中国哲学发展历史中的一个重要范畴。

茫茫宇宙，万物化生，呼吸吐纳，气在宇宙万物间流动循环。人们从中确立起气范畴。而气范畴又和其他范畴互相关联交合，构成一些基本的哲学问题，从而形成一个复杂的思想知识体系。

## 一、气范畴释义

气范畴有多方面、多层次的含义。

1.气为云气。《说文解字》解释道："气，云气也。象形。"此为气之本义。气字，像云气蒸腾上升的样子。中国古人看到天地间云气蒸腾上升，凝结为天空中朵朵白云，升降聚散，疏密有间，变化多端。《礼记·月令》有"天气下降，地气上腾"之说。这是人们对于天地间自然现象的直观感受。

2.气为呼吸吐纳出入之物。

3.气为天地阴阳之气。《国语·周语上》有："夫天地之气，不失其序。若过其序，民之乱也。阳伏而不能出，阴迫而不能烝，于是有地震。"

4.气为就已氤氲聚散、形成万物的精气、元气等。《管子·内业》言："精也者，气之精者也。"气是构成万物的基本材料，其中最精粹、最细微者叫作精。元气，此概念最早由董仲舒提出。元气，是指本始之气，也指天地阴阳中和之气，是产生万物的本始物质。而在《易纬·乾凿度》中有"通天地之元气"的表述，《礼统》提出"天地者，元气之所生，万物之所自焉"和"天地者，元气之所生，万物之祖也"（《太平御览》

卷一引）。这是将元气作为化生天地万物的本原。

5.气指浩然之气。《孟子·公孙丑上》有："我善养吾浩然之气。"儒家从主体心性论气，将气包容在心性之中，通过气的聚集，培养出浩然之气。

6.气为太虚。气作为万物的本体，不是某一具体物质形态，而是一个抽象的范畴。张载将虚和气结合，从而使得气向本体范畴升华。而二程则把气化理论引入理本体论，将气作为理的运动变化过程。朱子结合张载气本论和二程理本论，将气作为构成万物的材料，在理——物间充当重要中介。理也是需要挂搭、附着气而存在，若无气理也落不到实处，在现实中不能表现自己。

概括以上几点，气范畴内涵主要可以概括为以下几方面：

第一，气是存在于宇宙中无形并运动不息的至精微物质，是万物的本原。运动不息，是气的特性。气不具有形体、状态，却是客观实在的。气也是天地万物的共同基础，是生成万物的本原。《老子·四十二章》言："道生一，一生二，二生三，三生万物。"气由道生，变化化生出万物。

第二，气是宇宙间万物构成的质料、元素。气作为质料、元素，或有形有体，可见可闻；或无形无体，不可见闻。气是万物形体未具之时的混沌，气经过凝聚可以形成有具象的万物。《庄子·知北游》言道："人之生，气之聚也。聚则为生，散则为死。"人即由此气聚合而成。

第三，气自身的运动变化推动宇宙万物的发生和变化。气分阴阳二气，或五行之气。气自身包含阴阳对待，阴阳二气升降交感，五行之气相生相克，产生宇宙万物，并推动其变化发展。《易传·系辞上》有："刚柔相推而生变化。"《管子·乘马》有："春秋冬夏，阴阳之推移也；时之短长，阴阳之利用也；日夜之易，阴阳之化也。"

第四，气是万物间贯通的物质媒介。万物处于同一个宇宙系统中，彼此间以气相互贯通，相互影响。气是万物间相互感应的中介物质，是信息沟通的承载者。通过气的贯通，万物成为一个有机统一体。人也是万物中的一员，通过呼吸贯通人体内外。《易传·乾·文言》有："同声相应，同气相求，水流湿，火就燥，云从龙，风从虎，圣人作而万物睹。本乎天者亲上，本乎地者亲下。"

第五，气是道德境界。气是集义所生的道德理想，充塞于天地之间，与天地之气相通。此气不是具体的血气，而是精神、意志。《孟子》认为存在于人体内的浩然之气"至大至刚，以直养而无害，则塞于天地之间"。此浩然之气是道德精神，受人意志支配。若人意志坚定，则成为"威武不能屈，富贵不能淫，贫贱不能移"的大丈夫。

从上可知，气范畴在中国人的认知中，既是指客观实有的实体，又是指主体道德精神。其内涵错综复杂，学人往往在多层面上使用气范畴而使其包含多种意思，而且通过气范畴来沟通物质与精神、个体和万物、自身与万物。

## 二、明代以前对气范畴的探讨

学人对于气范畴的探讨，在中国哲学历史中，是不断演变、深化、发展的过程。

先秦时期，诸子百家对气范畴进行了不同程度的探讨，其中犹以道家、儒家和《管子》最为详尽。

气范畴最初是以阴阳、六气说的形式出现。阴阳，即阴气和阳气，是相互对立、交错变化的具有实体性的物质。阴阳之说见于《国语》。《国语·周语上》记载，周幽王二年，泾、渭、洛三川皆震，对此，伯阳文解释说："周将亡矣！夫天地之气，不失其序，若过其序，民乱之也，阳伏而不能出，阴迫而不能烝，于是有地震，今三川实震，是阳失其所而镇阴也。阳失而在阴，川源必塞；源塞，国必亡。夫水土演而民用也。水土无所演，民乏财用，不亡何待？昔伊、洛竭而夏亡，河竭而商亡。今周德若二代之季矣，其川源又塞，塞必竭。夫国必依山川，山崩川竭，亡之征也。川竭，山必崩。若国亡不过十年，数之纪也。夫天之所弃，不过其纪。"[①] 天地之气即阴阳二气。阴阳有其秩序，阳气上升，处于阴上，阴气下降，处于阳下。一旦阴阳失序，阳气受镇于阴气而潜伏于下，不能上升，就会发生地震。

阴阳二气的变化成为各种自然现象发生的原因。人们开始用阴阳二气来解释事物的运动变化。如鲁僖公十六年，五陨石落于宋，六鹢退飞，

---

① 《国语·周语上》。

周内史叔兴就认为是阴阳二气变化造成的。

在阴阳二气的基础上，老子提出了作为阴阳本原的道。道是宇宙万物的本原，"道生一，一生二，二生三，三生万物。万物负阴而抱阳，冲气以为和"①。道是独一无二的，道本身就包含阴阳二气，阴阳二气相互配合而形成一种适度的状态，万物在此状态中产生。万物是相反又相成的阴阳二气调和而成的和谐体。老子又有："道之为物，唯恍唯惚……其中有精，其精甚真，其中有信"②之说。老子对于道的认识，在一定程度上也是将之认为是气。老子试图摆脱气的具体形态，将气抽象化，提升到本体的高度。

庄子进一步发展了老子对于气的看法。"人之生，气之聚也。聚则为生，散则为死。若死生为徒，吾又何患！故万物一也。是其所美者为神奇，其所恶者为臭腐。臭腐复化为神奇，神奇复化为臭腐。故曰：'通天下一气耳。'圣人故贵一。"③气是万物统一的基础，万物存亡在于一气的聚散变化。同时，庄子延续老子的认识，认为要使阴阳二气在交感变化中保持协调，万物才能正常生长发展。"天气不和，地气郁结，六气不调，四时不节。今我愿合六气之精以育群生。"④

此后，战国时期稷下学派的著作《管子》明确提出精气之说。"精也者，气之精者也。"⑤精是能够精微运动变化之气。精气是形成天地万物的精微之物。"凡物之精，此则为生。下生五谷，上为列星。流于天地之间，谓之鬼神；藏于胸中，谓之圣人。是故民气，杲乎如登于天，杳乎如入于渊，淖乎如在于海，卒乎如在于己。"⑥精气产生万物，地上的五谷，天上的群星，人的形体精神，都是精气化生的。它运动化行于宇宙间，变化莫测，故称为鬼神。人受精气而生，精气内在于人体，使人聪明睿智，具有道德精神。《管子》所说的精气，是构成天地万物的物质

---

① 《道德经》第四十二章。

② 《道德经》第二十一章。

③ 《庄子·知北游》。

④ 《庄子·在宥》。

⑤ 《管子·内业》。

⑥ 同上。

基础，而且也成为人道德精神的源头和准则。

儒家也以气为天地万物的共同物质基础，但更注重气的运动变化与人的心性修养、伦理道德的关系。孟子言浩然之气，认为"其为气也，至大至刚，以直养而无害，则塞于天地之间。其为气也，配义与道；无是，馁也。是集义所生者，非义袭而取之也。行有不慊于心，则馁矣"①。浩然之气，藏于体内，无限广大，最为刚健。如能正确培养扩充，就可以充塞天地间。浩然之气是与义、道相配的，如不相配则会萎缩。浩然之气是集义而成，如不按义的原则来调节自身欲望和言行则会消散。故孟子的浩然之气，并非自然中的形质之气，而是道德精神。它可以通过善养来充实扩大。孟子就将气纳入了他心性学说中，成为修养功夫的一部分。

秦汉时期，气范畴有了进一步发展，结合阴阳五行学说，提出了元气说。

《黄帝内经》将气范畴应用到医学领域，用以解释天地人的构成和运动变化、人的疾病发生机制、药物性能以及养生保健等。气有天地之气、五行之气、四时之气等自然之气，又有人体内的生理之气。导致人身体病变的是病邪之气，而药物的性质和功用则来自药物之气。人的精神产生于气，但精神又能反作用于气的运动变化。

《淮南子》提出了基于气的宇宙化生理论。气的产生与作用促使世界从"虚无寂寞"的原初状态，逐渐演进到"阴阳错合"的和谐状态，并在此过程中化形而成水、火、日、月、星辰、风、雨、霜、雪等自然事物。《淮南子》又发展了"精气"说，视精气为人生命的产生根由，"刚柔相成，万物乃形，烦气为虫，精气为人"。

元气说在两汉也出现了。董仲舒提出元气之说，认为气是天地人的阴阳之气，其根本要求是中和。纬书中也提到了元气。对于元气之元，《春秋纬》认为是："元者，端也，气泉。"元即是端始，指气开始产生存在。在气之前，太易已经存在。元气并不是宇宙最初的本原，宇宙的最初本原是太易。王充也认为元气产生天地万物和人的道德精神，是宇宙万物的本原。元气自然，人禀气而生，含气而长。

---

① 《孟子·公孙丑上》。

到了魏晋时期，玄学家以有无论气。郭象的思想以有为本，故郭象认为气自有，而且气是不断变化的，一气而万形，各种变化都归于一气。

东晋时葛洪，作为重要的道教学者，从道教养生之学论气。葛洪认为人在气中，气在人中，即人生于气中，气充满人身。葛洪又提出宝精行气的气功胎息之法作为其内丹学说的主要内容。宝精行气，即通过调整胎息，加上内炼功夫，炼精化气，练气化神，炼神还虚，从而达到增强人体机能、延年益寿之目的。

隋唐时期，道教学者有较多对于气的讨论。最典型的是成玄英，成玄英认为气是生物之元，以气作为化生万物的本原。成玄英还提出了导引神气的修炼方法，通过调整气息，促进血液循环，调动人体各部分机能，以益寿延年。

而同时期的儒家学者，如韩愈、刘禹锡、柳宗元等，认为气是天地万物的本体，是人所禀赋的精华，并将气纳入伦理道德领域。

进入宋代，气范畴进入新的发展阶段。

张载是气本论思想的开创者和理论代表。张载提出"太虚即气"的气本论思想，认为无形的太虚是气的本然状态，气聚成形而为万物，形散返原复归太虚。无形的太虚与有形的万物是气的两种不同的表现形态，宇宙万物都以气为存在的根据。气是最高范畴，道和理统一于气，体现了气运动变化的过程和规律。道和理均不能离开气而独立存在。

张载的气本论思想对后世的影响极大，后人往往是基于其学说而进一步展开论说。气本论一派也成为宋明理学的重要流派。

理学中的理本论一派也同样讨论气范畴。

程颐、程颢在构筑其思想体系时引入了气范畴，将气作为生成万物的材料。气在聚散变化的过程中构成万物。尽管二程提出气化，重视气在聚散变化中构成万物的作用，但其理论与气本论思想是不同的。其中的差异就在于二程只讲气化，不讲气本，在理气关系上以理为本，以气为末，气化生万物是以理为根据的，理才是宇宙万物的主宰。

朱熹是气范畴思想的集大成者。他在吸取改造张载气本论的基础上，继承发展二程的理本气化论，提出以理为宇宙本体，以气为材料的理本论。在理气关系上，朱熹强调有三：一是理气不相离。"天下未有无理之气，亦未有无气之理。"① 二是理本气末。理气虽不相离，但二者有本末之分。"天地之间，有理有气。理也者，形而上之道也，生物之本也；气也者，形而下之器也，生物之具也。"② 三是理先气后。从宇宙本原上推，是先有理后有气。"若论本原，即有理然后有气。"③ 天理是宇宙之本，人欲是气，人禀气而生，便存在欲。朱熹从理本气末的关系中引申出"存天理去人欲"之说。

　　明代以前，在学者的讨论中，气范畴思想得以不断发展，气范畴的内涵及相关问题得以不断扩展和充实。而接下来的明代，对于气范畴的讨论将进入高峰。

---

① 《朱子语类》卷一，《朱子全书》第14册，第114页。

② 朱熹：《答黄道夫》，《晦庵先生朱文公文集》卷五十八，《朱子全书》第23册，第2755页。

③ 朱熹：《答赵致道》，《晦庵先生朱文公文集》卷五十九，《朱子全书》第23册，第2863页。

# 第三章　与气范畴相关的重要问题

哲学中的各范畴是互相联系的统一整体。在中国哲学的探讨中，气范畴也并不是孤立的。气范畴往往是在各种具体问题中展现自身的内涵，其中重要的问题包括道（理）气关系、太极阴阳、养气与炼气等。

## 一、道（理）气关系

道（理）气关系是中国古代哲学史上，学者长期讨论的重要问题。

道虽在《尚书》等文献中多次出现，但真正成为哲学范畴而被使用，则始于老子。

老子《道德经》言道。道之义，歧见颇多。老子之道是什么，是否指气，学者有众多争议。然《道德经》之论道对后世学者论气却是有深刻影响的。

《道德经》中对道的描述："道可道，非常道；名可名，非常名。无，名天地之始；有，名万物之母。故常无，欲以观其妙；常有，欲以观其徼。此两者同出而异名，同谓之玄，玄之又玄，众妙之门。"[①] 由此可知，道是超越了具体实相的存在。对于道本身的样子，《道德经》则是这样来形容的："视之不见名曰夷，听之不闻名曰希，搏之不得名曰微。此三者不可致诘，故混而为一。其上不皦，其下不昧，绳绳兮不可名，复归于无物，是谓无状之状，无物之象。是谓惚恍。迎之不见其首，随之不见其后。执古之道，以御今之有，能知古始，是名道纪。"[②] 故可知，道

① 《道德经》第一章。

② 《道德经》第十四章。

是无形无相的，不可感知的，无始无终的。

道自身具有模糊性，但后世总体上是将道认作宇宙之本。不过后世学者使用道范畴时，其实质是否指气是需要进一步考察的。

老子《道德经》又提出了一种宇宙生成模式。《道德经》言："道生一，一生二，二生三，三生万物。万物负阴而抱阳，冲气以为和。"[①]道产生出混沌未分的统一体，再由此统一体产生出阴阳二气，阴阳二气加上二者和合，此三者产生万物。这是道家宇宙生成过程，可简要归结为"道—气—万物"。这一模式在后世成为人们讨论宇宙生成的模式之一。

到了宋代，随着理学思想的兴起，理成为理学家学说体系中最重要的范畴，道与理成为同义之词。道与气的关系问题也转变为理气关系问题。

在张载的学说中，气是最高范畴，道、理等都统一于气。理是气运动变化的秩序和规律。"天地之气，虽聚散攻取百途，然其为理也顺而不妄。气之为物，散入无形，适得吾体；聚为有象，不失吾常。太虚不能无气，气不能不聚而为万物，万物不能不散而为太虚。循是出入，是皆不得已而然也。"[②]气的运动变化不是杂乱无章的，而是有秩序的。气的运动变化同时也是必然的。此正是理的作用。

二程虽也讲气，但以理为最高范畴。"自家体贴出来"的理，不仅是客观事物的规律，更是创造宇宙万物的本体。"有理则有气"[③]，理是第一性的，气是第二性的。同时又说："万物之始皆气化。既形，然后以形相禅。""物生也，气聚也；物死者，气散也。"[④]认定气是理化生万物的物质材料，气化过程实际上是理的屈伸往来过程。在解释"一阴一阳即为道"时，二程将一阴一阳和阴阳区分开来。一阴一阳是道，是形而上的，阴阳是气，是形而下的。

朱子，作为理学集大成者，将理气关系作为中心问题加以讨论。"天地之间，有理有气。理也者，形而上之道也，生物之本也；气也者，形

---

① 　《道德经》第四章。

② 　张载：《正蒙·太和篇》。

③ 　《河南程氏粹言》卷一。

④ 　《河南程氏粹言》卷二。

而下之器也，生物之具也。"①朱子既讲理本，又讲气化。理是生物之本，即物之所以形成的根本，是形而上之道；气是生物之具，即形成物的材料，是形而下之气。对于理气先后问题，朱子讲"理与气本无先后之可言"，又讲理先气后，理本气末。"理与气本无先后之可言。但推上去时，却如理在先，气在后相似。"②"若论本原，即有理然后有气。"③从而朱子推得理生气的结论。此处朱子所谓的先后并非指时间上的先后，而主要是指逻辑上的先后。对于理气主从问题，朱子既讲理气相依不相离，又讲理主气从。"天下未有无理之气，亦未有无气之理。"④理气是不相离的。理离开气就没有挂搭处，而气的变化运动是由理决定的，一旦离开了理，气就没有了变化运动的依据。朱子在讨论理气关系时有着多重性论述，这是从本原及构成等不同层面做出不同的回答。朱子曾讲道："所谓理与气，此决是二物。但在物上看，则二物浑沦，不可分开各在一处，然不害二物之各为一物也；若在理上看，则虽未有物而已有物之理，然亦但有其理而已，未尝实有是物也。"⑤从本原上说，理与气是相分的二物，理先而气后，理是第一性的。从构成上说，每一具体事物都体现了理与气不可分割、相互依存。

由此可见，朱子在讨论理气关系时，又分为论本原和论构成两个层面的问题。这不同层面的讨论导致朱子在理气关系上出现了不同说法。但朱子在论述时常常并不具体说明自己是在论本原还是论构成层面，而且文字记录也往往略去了问题的前后具体语境，因而人们对于朱子思想的理解必然发生混乱，后人也作出了不同解释和发展。

道是内涵极为丰富的范畴。或以万物的最高本原解释道，或以万物

---

① 朱熹：《答黄道夫》，《晦庵先生朱文公文集》卷第五十八，《朱子全书》第二十三册，第2755页。

② 黎靖德：《朱子语类》卷一。

③ 朱熹：《答赵致道》，《晦庵先生朱文公文集》卷第五十九，《朱子全书》第二十三册，第2863页。

④ 黎靖德：《朱子语类》卷一。

⑤ 朱熹：《答刘叔文》，《晦庵先生朱文公文集》卷第四十六，《朱子全书》第二十二册，第2146页。

产生发展的依据、本体来解释道。对于学者使用的道范畴，其实质内涵是需要详细考察的。

## 二、太极阴阳

太极这一范畴，是常常用以指称宇宙本原本体。在《易传》中，太极作为重要范畴出现。"易有太极，是生两仪，两仪生四象，四象生八卦。"[1] 太极是指宇宙本原至高至极、无以复加。太极产生阴阳，阴阳产生四象，四象产生八卦，表示天、地、风、雷、水、火、山、泽八种实体。这是又一种描绘宇宙生成的模式。而太极自身是什么样的，《易传》并未作过多说明，后人对此的歧解也很多。唐孔颖达在注释时将太极认定为元气："太极谓天地未分之前，元气混而为一，即是太初、太一也。"太极、元气、太初、太一都是对同一实质的不同称谓。这是继承了汉代以来对于太极的认识。

汉代元气说盛行，学者便以元气解释太极。《孝经纬·钩命决》有："天地未分之前，有太易，有太初，有太始，有太素，有太极，是为五运。形象未分谓之太易。元气始萌，谓之太初。气形之端谓之太始。形变有质，谓之太素，质形已具，谓之太极。五气渐变，谓之五运。"[2] 这里指出太极是气的五运之一，太极也是五运中之一阶段。

在《易纬·乾凿度》中，有了更为详细的论述："昔者圣人因阴阳定消息，立乾坤以统天地也。夫有形生于无形，乾坤安从生？故曰：有太易、有太初、有太始、有太素也。太易者，未见气也；太初者，气之始也；太始者，形之始也；太素者，质之始也。气、形、质具而未离，故曰浑沦。浑沦者，言万物相浑成而未相离。视之不见，听之不闻，循之不得。故曰易也。易无形畔。"[3] 气的变化是从太易、太初、太始、太素，再到浑沦，不断演化的。此处之浑沦也即太极。太易是混沌未展开的气。太初是气开始有形可见的状态，但此时形不固定，还是混沌状态的不同

---

① 《易传·系辞上》。

② 刘仲达：《鸿书·天文》引。

③ 《易纬》，《黄氏逸书考》。

表现形态。太始是第三阶段，有形可见，但还没有质的稳定性。太素是气已经具有了质的稳定性的阶段。之后的浑沦，也即太极，是气的变化第五阶段。此五阶段，是从无形到有形的渐进过程，但均是气变化的不同形态，这之后才有万物的化生。

"孔子曰：易始于太极，太极分而为二，故生天地。天地有春夏秋冬之节，故生四时。四时各有阴阳刚柔之分，故生八卦。"[①] 天地万物都是由太极化生而来，是一分为二，二分为四，四分为八的过程。这都是太极内在所隐含的阴阳矛盾因素，使其以一分为二的形式化生。

魏晋时期，玄学思潮兴起，宇宙生成论逐步让位于本体论。王弼以太极为无之别名。"本其所由，与太极同体，故谓之天地之根也。欲言存邪，则不见其形，欲言无邪，万物以之生。"[②] 太极是万物生成的母体，又是万物存在的内在根据。

宋代理学思想渐而兴起，对于太极这一范畴有了更多阐述。

周敦颐融儒道于一体，创作了《太极图说》。这是后来理学家讨论气、太极的重要文本依据。其说：

> 无极而太极。太极动而生阳，动极而静；静而生阴，静极复动。一动一静，互为其根。分阴分阳，两仪立焉。阳变阴合，而生水、火、木、金、土。五气顺布，四时行焉。五行一阴阳也，阴阳一太极也，太极本无极也。五行之生也，各一其性。无极之真，二五之精，妙合而凝。乾道成男，坤道成女；二气交感，化生万物。万物生生而变化无穷焉。

周敦颐的《太极图说》兼具宇宙生成论和本体论成分，提出了一种万物生成次序：无极而太极—阴阳—五行。周敦颐将道家的无极引入，提出无极而太极。何为无极而太极，周敦颐未做详细解释。朱子解释之：无极指极致，至高至妙，是对太极的描述；指太极虽是不可名状的，但并非绝对的空无，而是实有，是有和无的统一。

在周敦颐那里，太极这一范畴继承了汉代以来的传统又有所发展。

---

① 《易纬》，《黄氏逸书考》。

② 王弼：《老子道德经注》六章注。

其内涵主要有：一是太极为元气。这是汉代太极元气说的传统延续，在宋代早期思想中仍是主要看法。二是太极为性。太极可在阴阳五行、万物中，万物同秉一个太极。元气化生出万物，万物中不再有元气。故此太极并非仅指元气，而是指性。三是太极为无。"太极本无极也"，太极以无极为本，强调本体的第一特性是无极。这是与道家重视无的思想一脉相承的。

二程极少言太极，只是在解释《易传》中提到过太极。"太极者道也，两仪者阴阳也。阴阳，一道也；太极，无极也。万物之生，负阴而抱阳，莫不有太极，莫不有两仪，氤氲交感，变化不穷。"① 二程不用太极元气之说，他们认为太极是道，气只用阴阳论。如此，太极成为形而上的，而阴阳是形而下的有形之物。太极和气不再是一物。

朱子是理学之集大成者，他对太极之看法，继承了周敦颐和二程等之说。朱子将周敦颐之《太极图说》体系纳入二程学说中，以天理解释太极。"盖太极是理，形而上者；阴阳是气，形而下者。"② 太极是无方所、无形体、无地位可顿放的。"无极而太极，盖恐人将太极做一个有形象底物看，故又说无极，言只是此理也。"③ 然太极又不是具体特殊事物之理，"总天地万物之理，便是太极"④。太极是万物之理的总和，但朱子又认为太极也在各个事物之中。"本只是一太极，而万物各有禀受，又自各全具一太极尔。如月在天，只一而已；及散在江湖，则随处而见，不可谓月已分也。"⑤ 各个事物也具有共同之理的太极。

太极与阴阳的关系，也被朱子理解为理气关系。太极与阴阳是相依不杂的，"太极者，不离乎阴阳而为言，亦不杂乎阴阳而为言"⑥。不离是指相互依存，不杂是指太极独立于阴阳之中。

历史中，不同学者虽然同在使用太极这一范畴，但其所指的内涵是

① 《周易程氏传》，《二程集》，第690页。

② 黎靖德：《朱子语类》卷五。

③ 黎靖德：《朱子语类》卷九十四。

④ 同上。

⑤ 同上。

⑥ 黎靖德：《朱子语类》卷四。

不同的。或以气、有解释太极，或以理、无解释太极，太极与气之关系也各不相同。在后来的历史进程中，学者对于太极的理解仍然延续着这样的争议。

## 三、养气与练气

生命源于气。人得血气而生，也需要养气治气以保持良好的身心状态。养气之说由此而成为学者讨论的问题之一，尤其是儒、道两家。

先秦儒家论养气，以孟子最为著名。《孟子》中"知言养气"章也是最难解之文字之一。

> "敢问夫子恶乎长？"曰："我知言，我善养吾浩然之气。""敢问何谓浩然之气？"曰："难言也。其为气也，至大至刚，以直养而无害，则塞于天地之间。其为气也，配义与道；无是，馁也。是集义所生者，非义袭而取之也。"①

孟子在讨论评价了北宫黝、孟施舍、曾子和告子等人的不动心基础上，提出"我善养吾浩然之气"。并认为达到不动心状态在于养勇。北宫黝、孟施舍、曾子三人都是通过守气以养勇，只是具体的守气方法略有不同。

养浩然之气也是为达到不动心的状态。孟子讲的至大至刚的浩然之气，是配义与道，是集义所生者。浩然之气是在与道义相伴中生成的。所以养成浩然之气要有对道德的深刻认识，在内心中形成践履道德的信念意志。此外，养浩然之气还在于实际行动之中，"行有不慊于心，则馁矣"。

北宫黝、孟施舍徒养其气，不问是非，失于没有根基。曾子虽以义养气，但只是一件事一件事地去做，一事义则气伸，一事不义则气屈，因而失于狭隘。告子则以志去强制其气，失于片面，不自然。而孟子注重仁义道德之志的制约指导作用，持志养气，又注重气的培养。当人有了浩然之气，循道而行成为生活必然之选择，就可以成为立于天地之间的大丈夫。

---

① 《孟子·公孙丑上》

孟子所讲的养气，立足于勇义之辩，引入了道德价值观念，更重视人的精神追求。

战国时儒家除了孟子曾论养气之外，现有文献中还有公孙尼子对养气的论述。

> 顺天之道，节者天之制也，阳者天之宽也，阴者天之急也，中者天之用也，和者天之功也。举天地之道，而美于和，是故物生，皆贵气而迎养之。孟子曰"我善养吾浩然之气者也。"谓行必终礼，而心自喜，常以阳得生其意也。公孙之养气曰："里藏泰实则气不通，泰虚则气不足，热胜则气□，寒胜则气□；泰劳则气不入，泰佚则气宛至；怒则气高，喜则气散，忧则气狂，惧则气慑。凡此十者，气之害也，而皆生于不中和。故君子怒则反中而自说以和，喜则反中而收之以正，忧则反中而舒之以意，惧则反中而实之以精。"夫中和之不可不反如此。①

苏舆《春秋繁露义证》对"公孙之养气"有过考证：

> 凌云："里藏，谓藏府也。"卢本删"公孙之养气曰里藏"八字，云"衍文"。天启本及凌本并有。天启本"里藏"下注云："三字未详。"孙诒让云："下文皆公孙尼子文。《御览》四百六十七引《公孙尼子》曰：'君子怒则自说以和，喜则收之以正。'与此正同。养气盖即其篇名，卢删大谬。"舆案：孙说是也。《公孙尼子》二十八篇，见《艺文志》，注云："七十子之弟子。"沈约谓《乐记》取《公孙尼子》，刘瓛谓《缁衣》，公孙尼子所作，盖亦大师。《论衡·本性》篇："唯世硕、公孙尼子之徒颇得其正。"世硕以人性有善有恶，公孙当亦近之。董子言性，殆本公孙，此复引其文，盖在师承之列矣。②

故所引"公孙之养气曰"一段文字，应是公孙尼子所作，《养气》很可能是《公孙尼子》二十八篇之一。公孙尼子所养之气是身体内部供养

---

① 《循天之道第七十七》，《春秋繁露义证》卷第十六，第447—448页。

② 同上。

生命的自然之气，养气是生理上的护持涵养。其中又讲到了身体的虚实、寒热、劳逸、喜怒、哀乐共十个方面对于气的影响，此十者都是养气之害，都是不中和导致的。故公孙尼子所讲的养气乃是让身体内的气处于中和的状态。

可见公孙尼子之养气与孟子之养气截然不同。但《循天之道》篇引用孟子养浩然之气，却从养生角度来解释，要求行为中和得体。董仲舒将孟子养浩然之气完全解释为从生理上对自然之气的涵养。

以上可见，在先秦时期儒家已经重视养气问题。根据现有文献，儒家所讲之养气，有涉及涵养身体内供养生命的自然之气，也有对道德精神层面之气的涵养。因《孟子》在后世的流行，儒家越来越重视后者。

先秦时期，老庄道家重视生命自身的可贵，偏重于对精神自由的追求。而后起的黄老道家的生命修养理论更重视生命本身的保养，重视形、气、神兼养。这典型表现在《淮南子》《黄帝内经》中。

在黄老道家理论中，养气是重要组成部分。在形、气、神三要素中，气是沟通形神的中介桥梁，养形在于血气通畅，养神在于志气修养。无论养形还是养神，根本上是养气。"精神盛而气不散则理，理则均，均则通，通则神，神则以视无不见，以听无不闻也，以为无不成也。是故忧患不能入也，而邪气不能袭。"①精神旺盛则气血充足有序，气血有序则身体各部分机能均衡，身体机能均衡则气血通畅，气血通畅则人的精神旺盛。

在典型的道家养生模式中，一是行气健形，即通过呼吸、吐纳、导引等行气过程，使人体血气通畅，达到形体健康；二是炼气通神，通过养气达到精神旺盛的修养状态。

气血通畅有序是人体正常运作、身强体健的表现。"肌肤欲其比也，血脉欲其通也，筋骨欲其固也，心志欲其和也，精气欲其行也。若此则病无所居，而恶无由生矣。病之留、恶之生也，精气郁也。"②保障精气畅通，才是修养人体自然生命之气的关键。在实践过程中，人们逐渐总结出行气、导引、吐纳、服气等养气方法。行气，是以口鼻呼吸天地之

① 《淮南子·精神训》。

② 《吕氏春秋·恃君览·达郁》。

气以调节人体机能而保健强身的方法。导引，是将肢体运动结合呼吸吐纳，以调节身心的养生方法。这些养气方法在后世影响重大。

养气的过程是对形体的涵养，也是养神的过程。人体之气有先天之气和后天之气。人的生命源于精气，是先天之精所化生。先天之气是纯粹的，与精神相通。精气集中于人体构成人之生命，成为后天之气。后天之气多杂，构成形体。后天之气受饮食、环境、气候等多因素影响，有很多不足，而先天之气才是人生命根本所在。人们通过呼吸、吐纳等方法，得到先天之气，从而达到通神。这一过程后来也被归结为"后天返先天"。

黄老道家对于养气的认识，是将之作为养生术的一部分，是和健形、通神联系在一起。

随着道教的兴起，道家关于养气的理论得到了继承和拓展。《抱朴子》是道教中论养生养气的重要典籍。

追求长生不老、得道成仙是道教的目标。道教一系列的养生术就是为达到此目的而探究出来的。在《抱朴子》中，葛洪将养生术归结为内修和外养。外养是指服食金丹，而内修则是指行气、导引之类的保养精气之法。

葛洪虽以金丹为大道之重，但仍以养气为养生基本方法。"服药虽为长生之本，若能兼行气者，其益甚速，若不能得药，但行气而尽其理者，亦得数百岁。"[①]《抱朴子》介绍了行气的一些方法："其大要者，胎息而已。得胎息者，能不以鼻口嘘吸，如在胞胎之中，则道成矣。初学行气，鼻中引气而闭之，阴以心数至一百二十，乃以口微吐之，及引之，皆不欲令己耳闻其气出入之声，常令入多出少，以鸿毛著鼻口之上，吐气而鸿毛不动为候也。渐习转增其心数，久久可以至千，至千则老者更少，日还一日矣。"[②]胎息，即不用鼻腔呼吸，如同在胞胎中一样呼吸。练习胎息，开始用鼻腔吸进气后闭于体内，暗中数到一百二十下，然后用嘴把气轻轻吐出来，吸气和吐气时都不要让自己的耳朵听到呼吸的声音，要使吸进去的气比吐出的气多。把鸿雁的羽毛放在嘴唇上，以呼吸

---

① 《至理》，《抱朴子内篇》卷之五，《抱朴子内篇校释》，第114页。

② 《释滞》，《抱朴子内篇》卷之八，《抱朴子内篇校释》，第149页。

时羽毛不动为标准。按照上面的方法逐渐练习，使闭气时暗中数的数字慢慢增加，时间长了可以增加到一千，此时实际已经调动激活了周身毛孔呼吸，鼻腔呼吸成为辅助，能做到如此呼吸就会返老还童长生不老。

一天之中，半夜到正午六个时辰是生气之时，正午到半夜六个时辰是死气之时。行气的时间要选择在生气的时候，尤其是平旦至正午最好；不要在死气的时候进行，尤其是日落至午夜。行气还要注意几个问题：一是行气前要节制食欲，"不欲多食，及食生菜肥鲜之物，令人气强难闭"；二是要保持平稳情绪，安静少燥，"又禁恚怒，多恚怒则气乱，既不得溢，或令人发欬，故鲜有能为者也"[1]。

葛洪《抱朴子》中关于养气的方法，是道教养生的组成部分和总结。道教养生论强调养生以养气炼气为主，它是以汉代以来的元气论为基础，将宇宙生成论、生命生成论、养生论统一起来。元气是人生命之源、生命之本，养生以炼养元气为根本，使人体元气充实，精神旺盛，最终实现健康长寿、长生不老。这是中国哲学中关于气范畴的重要论述，在后世儒、道融合的过程中，得到儒、道两家的认可和发扬。

---

[1] 《释滞》，《抱朴子内篇》卷之八，《抱朴子内篇校释》，第150页。

# 第四章　明初理学家曹端与薛瑄

明初学术秉承程朱理学传统。程朱理学在南宋已占据统治地位，继而元、明沿袭。明太祖洪武年间，解缙上书，建议上接唐、虞、夏、商、周、孔，下及关、闽、濂、洛，"随事类别，勒成一经"，作为"太平制作之一端"。这是官修理学的开端。到明成祖时，《五经大全》《四书大全》《性理大全》纂修完成，收的多是程朱理学家们的文献，尤其是朱子的思想在其中特别突出。"三部大全"刊印颁布，为当时社会确立了统一的思想，也使得程朱理学进入官学轨道，最终确立了统治地位。

在程朱理学一统天下的局面下，明初程朱理学学者涌现。"明初诸儒，皆朱子门人之支流余裔，师承有自，矩矱秩然。"[1]明初理学家论气，往往都是在朱子的理论基础之上的。

## 曹　端

曹端（1376—1434），字正夫，号月川，河南渑池人，明初著名的学者、理学家。其学以躬行实践为务，而以存养性理为大端，对理学重要命题多有修正、发挥，被论者推为"明初理学之冠"。

作为明初的重要学者，月川一直潜心理学。《明儒学案》称："先生之学，不由师传，特从古册中翻出古人公案，深有悟于造化之理，而以月川体其传，反而求之吾心，即心是极，即心之动静是阴阳，即心之日用酬酢是五行变合，而一以事心为入道之路。故其见虽彻而不玄，学愈精而不杂，虽谓先生为今之周敦颐可也。"月川从周敦颐、张载、朱熹著作中阐发某些重要问题，并抛弃了格物穷理之说，而以涵养用敬直接在心上做功夫。这点明了月川的学术思路。

---

① 《明史》卷二百八十二《儒林传》。

月川著有《月川集》《太极图说述解》《通书述解》等著作。

## 一、辩太极是理非气

道学始自周郭颐，周郭颐之学以《太极图》为本源，意在建立含有形上学及宇宙论双重成分的理论。然《太极图》本身源出道教，周郭颐之说虽立意与道教不同，然后人在解读中不可避免产生众多争议。

太极一词最早见于《易·系辞》："易有太极，是生两仪；两仪生四象，四象生八卦。"此处文句，唐代孔颖达曾疏为：

> 太极谓天地未分之前，元气混而为一，即是太初、太一也。故《老子》云："道生一。"即此太极是也。又谓混元既分，即有天地，故曰"太极生两仪"，即《老子》云："一生二"也。不言天地而言两仪者，指其物体，下与四象相对，故曰两仪，谓两体容仪也。①

他疏"太极"为太初、太一，是天地未分之时元气混而为一的状态，并用《老子》的"道生一"比附太极。这显然并没有将太极直接等同于气，而是有将太极作为形而上学化本原的倾向。

当然，月川并不认可《太极图》出自道教。"自木铎声消，儒者所传周经、孔传之文，而羲图无传，遂为异派窃之而用于他术焉。"②他认为《太极图》原就是圣人之作，只是无后人为之作传解释，从而使得《太极图》被异派窃为己有，后人也忘记其本为儒家圣人之学。

"无极而太极"，周郭颐以无极为无，太极为阴阳未分之元气。朱熹注《太极图说》，将太极视为理，以"无极而太极"为"无形而有理"。月川则承袭朱子之说。

"太极，理之别名耳。"③这是月川的主要观点。月川以朱子学为宗，认定太极是理，而非气。由太极而来的阴阳才是气。

---

① 《周易正义》。

② 《太极图说述解》，《曹端集》卷一，中华书局，2003年，第2页。

③ 同上书，第1页。

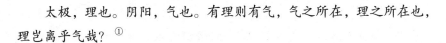

> 太极，理也。阴阳，气也。有理则有气，气之所在，理之所在也，理岂离乎气哉？①

这就是典型的朱熹关于理气关系的说法。

故月川尤其对以气解释太极的学者不满：

> 盖孔子而后论太极者，皆以气言。老子道生一而后乃生二，庄子师之曰："道在太极之先。"曰一，曰太极，皆指作天、地、人三者气形已具而混沦未判之名。道为一之母，在太极之先，而不知道即太极，太极即道。以通行而言则曰道，以极致而言则曰极，以不杂而言则曰一，夫岂有二耶？列子混沦之云，《汉志》含三为一之说，所指皆同。微周子启千载不传之秘，则孰知太极之为理而非气也哉？②

月川反对历代注疏家以太极为气之说，尤为反对老子"道生一"之说。老子此说，在月川看来，是在太极之上另立一个能生者，如此则太极并非最高范畴，故是多此一举。而庄子说道"神鬼神帝，生天生地；在太极之先而不为高，在六极之下而不为深，先天地生而不为久，长于上古而不为老"，月川也是不赞同的。太极即道，道非在太极之先，道与一与太极，皆是气形未具之前已有之理。

在逻辑上，宇宙万物的化生表现为太极—阴阳—五行—万物的一个逐步、逐层次展开的过程。在现实中，则具体通过"太极动静"的方式，由体及用而实现。

## 二、太极与气

对于太极与气之关系，朱熹在不同场合有不同说法，乃至有相互抵牾之处。月川以朱熹《太极图说解》为正。

> 先贤之解《太极图说》，固将以发明周子之微奥，用释后生之疑

---

① 《太极图说述解》，《曹端集》卷一，中华书局，2003年，第5页。

② 同上书，第2页。

惑矣。然而有人各一说者焉，有一人之说而自相龃龉者焉，且周子谓"太极动而生阳，静而生阴"，则阴阳之生，由乎太极之动静。而朱子之解极明备矣，其曰"有太极，则一动一静而两仪分。有阴阳，则一变一合而五行具"，尤不异焉。及观《语录》，却谓"太极不自会动静，乘阴阳之动静而动静"耳，遂谓"理之乘气，犹人之乘马，马之一出一入，而人亦与之一出一入"，以喻气之一动一静，而理亦与之一动一静。若然，则人为死人，而不足以为万物之灵，理为死理，而不足以为万化之原，理何足尚而人何足贵哉？今使活人乘马，则其出入、行止、疾徐，一由乎人驭之何如耳。活理亦然。不之察者，信此则疑彼矣，信彼则疑此矣，经年累岁，无所折衷，故为《辨戾》，以告夫同志君子云。[1]

朱熹认为太极是形而上的，超乎动静的，而气则是形而下的，有动静的。太极与气之关系，应包含两层意思：一是太极包含动静之理，太极为气之动静的依据；二是太极表现在气中并随气之动静而动静。

《语类》中记载，朱熹提出理乘气犹人乘马之喻，太极自身不会运动，只有承载在运动的气上才会有动静。这一说法会被理解为死人乘马，太极或理是死理，只会被动承载。这应该是太极与气之关系的第二层面含义。故月川认为朱熹的这一比喻，不能彰显太极（理）对气的支配驾驭作用。

月川提出死人乘马与活人乘马之别，区分被动承载与主动驾驭，进而突出太极是绝对的、能动的，能主宰支配具体事物的。这一问题，在月川看来极为重要。他把对此问题的辩证命名为《辨戾》，并告知学者，以期明确真实之意。

在现实中，月川提出，宇宙万物的化生是通过"太极动静"的方式，由体及用而实现。

> 太极以静而立其体，以动而行其用，则天下万事之体用由之，序《易》者有曰"体用一原"，一原即太极也。[2]

---

[1] 《太极图说述解》，《曹端集》卷一，中华书局，2003年，第23—24页。

[2] 同上书，第6页。

太极动静具有作为本体意义上的动静和作为宇宙生成过程的动静两方面的意涵。

太极是理，宇宙万象的所以然之根基，它自身是可以动静的。"太极之动，不生于动而生于静，是静为动之根。太极之静，不生于静而生于动，是动为静之根。静，则太极之体立而阴以分动，则太极之用行而阳以分。于是天地定位而两仪立矣。"[1] 太极因其本身涵具的动的特性，自发运动而产生阳的性质，又因其自身的特性自发静止而产生阴的性质。太极的动，并不是动自身的发动，而是来源于它的对立面，来源于静，反之亦然。太极的动静之间相互涵摄。在动而生阳的过程中同时蕴含着阴和静的可能性，在静而生阴的过程中同时蕴含着阳和动的可能性。

太极动静又表现为宇宙大化流行的实际产生和流变过程。当动静在宇宙大化流行中真正产生之时，太极动静之理便开始发用。太极因动而产生阳气，称之为阳动，因静而产生阴气，称之为阴静。此时，阴阳也不再是阴阳之所以为阴阳的阴阳之理，而表现为有形可见的阴阳二气。阴阳二气出现以后，便接续太极，开始发挥它们的作用。"阳变而阴，而生水金。阴合而阳，而生火木。土则生于变合之中而阴阳具，故中和焉……木气布而为春，万物以生。火气布而为夏，万物以长。金气布而为秋，万物以敛。水气布而为冬，万物以藏。土气则寄于四序之间，而四时行矣。"[2] 五行所具有的不同特性，使它们顺次而行，产生了春、夏、秋、冬的四时更替。由上可见，太极动静是太极作为宇宙万象终极根源的内在本质。

在太极动静的过程中，太极与其产生的阴阳二气之间的关系，在月川看来，可以分为三层内涵：

太极在先，气在后。"气以理而生，理以气而实，无彼此之间也。"[3] 太极即理，理是形上的本体，产生气及宇宙万象，气才得以彰显。气是形下的阴阳二气，现实中的具体存在物。太极作为气的终极根源，必然是先于气的。

---

① 《太极图说述解》，《曹端集》卷一，中华书局，2003年，第12页。

② 同上书，第13页。

③ 同上书，第7页。

太极与气不可分离。"太极，理也。阴阳，气也。有理则有气，气之所在，理之所在也，理岂离乎气哉？"[1] 太极是无形象、无声气、无方所的，在具体事物中，必然需要依靠气，通过具体的宇宙万物，即有形象的事物才能表现出来。太极就在气中，不能分离。

太极与气不离不杂。"理虽在气中，却不与气混杂，此周子既图之于阴阳动静之中，而又特揭于上，以着理气之不相杂也。"[2] 逻辑上，太极和气是浑沦无间的，但现实中，太极与气是界限分明的。不可将太极看作气，也不可将气看作太极。太极和气分别属于形上形下，是不可混淆的。

月川又从理一分殊的角度，阐释了太极与气的关系。

> 二五之气，聚而成形，则人有男女，物有牝牡；合而成偶，则形交气感，遂以形化，而人物生生，而变化无穷矣。自男女而观之，则男女各一其性，（是分而言之）。而男女一太极也。（是合而言之）。自万物而观之，则万物各一其性，（是分而言之）。而万物一太极也。（是合而言之）。盖合而言之，万物统体一太极也分而言之，一物各具一太极也。所谓天下无性外之物，而性无不在者，于此可见其全矣。[3]

合而言之，月川提出"万物统体一太极也"。统体是指在现实中存在的宇宙万物之总体。而"统体一太极"，则从本体的角度说明了万物之所以能够产生和存在都缘于同一个太极。它是形上的超越性存在，宇宙中万事万物的终极根基，整个宇宙都受它支配，即理一。太极又因其本有的发用和动静功能，进入形下领域，产生二气与五行。它们"聚而成形""形交气感，遂以形化"，便出现了男女、万物以及丰富多彩的现实世界。太极作为生化万物的终极根基，存在于万物中，并时刻制约着宇宙生化的整个过程。分而言之，"一物各具一太极也"，这里的太极是指事物之所以为其所示之分理。由于万物的大小不同、所享受的气有清浊，它们在展现本体之时就会由于各种原因呈现出不同的情状，即分殊。

月川论太极和气，采用朱子的理气论，以理气浑融无间与理气不离

---

[1] 《太极图说述解》，《曹端集》卷一，中华书局，2003年，第5页。

[2] 同上书，第5—6页。

[3] 同上书，第16页。

不杂来解释宇宙万象，又利用周敦颐的太极动静学说来解释整个宇宙的产生与存在。如此，月川将两者的观点融入自己的学说体系中，加以整合。在月川那里，太极不完全等同于朱子所说之太极。太极是理，理气相即不离。理无论何时都可主动支配气的流行，因此，他反对朱熹的理乘气动的观点，而以活人骑马为喻，提出理驭气动的观点。

关于此说，后世有学者认为是对朱子观点的误读。如黄宗羲指出："先生之辨虽为明晰，然详以理驭气，仍为二之。气必待驭于理，则气为死物，抑知理气之名，由人而造，自其浮沉升降者而言，则谓之气，自其浮沉升降不失其则者而言，则谓之理。盖一物而两名，非两物而一体也。"[1]这是将月川之说看作是理气二分的，显然是不符合月川本意的。可见，学者对理气关系的不同理解，往往会产生各种误读。对于文本原创者的本意，后来的解读者几乎是不可能原原本本地加以重现的。文本的含义也会随着时代的不同、解读者的不同而随时变化，不断产生新的理解。

## 薛 瑄

明初大儒，曹瑞之后有薛瑄。

薛瑄（1389—1464），字德温，号敬轩，河津人，明代著名理学家、文学家，河东学派的创始人，世称"薛河东"。永乐十九年（1421）进士，官至通议大夫、礼部左侍郎兼翰林院学士。天顺八年（1464）去世，赠资善大夫、礼部尚书，谥号文清，故后世称其为"薛文清"。隆庆五年（1571），从祀孔庙。

《明史》言："学一本程、朱，其修己教人，以复性为主，充养邃密，言动咸可法。尝曰：自考亭以还，斯道已大明，无烦著作，直需躬行耳。"[2]他认为朱熹已经把道学阐明无遗，只需实践就行。这也表明薛瑄注重践履的思想风格，反映了明初学界视程朱理学为独尊的学术风尚。

薛瑄主要著有《薛瑄文集》《读书录》《理学粹言》《从政名言》《策问》《读书续录》等。其中《读书录》《读书续录》是他平生所作读书笔

---

[1] 黄宗羲：《明儒学案》，中华书局，1985年，第1064页。

[2] 《明史·儒林传》卷二百八十二，中华书局，1974年，第7229页。

录或读书心得之集中总汇，也是其理学思想的代表作。

## 一、理气关系

敬轩之学，全自程朱之学而来。理气问题是程朱理学的重要问题，是每个学者都要面对的问题。敬轩继承月川的做法，批判地考察朱子的理气观，发挥了朱子理气一体说。他与月川不同，月川着力辨太极是否有动静，而薛敬轩着重讨论的是理是否在气之先。

正如朱子一样，他论及理（太极）气之处甚多。

> 天地间只有理气而已。其可见者气也，其不可见者理也。[①]

敬轩认为天地间只有理、气两者，可见的是气，不可见的是理。那么理气两者是何关系？

> 可见者是气，气之所以然便是理。理虽不离气而独立，亦不杂气而无别。[②]

气之所以然就是理。在敬轩看来，道是气化流行的总体，流行的实体是气，气的条理是理。理不脱离于气而独立存在，但也不掺杂气而和气无差别。

敬轩论理气先后，承袭朱子所说。

> 或言未有天地之先，毕竟先有此理，有此理便有此气。窃谓理气不可分先后。盖未有天地之先，天地之形虽未成，而所以为天地之气则浑浑乎未尝间断止息，而理涵乎气之中也。及动而生阳，而天始分，则理乘是气之动而具于天之中。静而生阴，而地始分，则理乘是气之静而具于地之中。分天分地而理无不在，一动一静而理无不存，以至化生万物，万物生生而变化无穷。理气二者盖无须臾之相离也，又安

---

① 薛瑄：《读书录》卷一。

② 薛瑄：《读书录》卷四。

可分孰先孰后哉？孔子曰：易有太极，其此之谓与？①

敬轩认为，理气不可分先后，无无理之气，亦无无气之理，理气无须臾之相离。

朱子在论及理气关系时，为了强调理的主宰统帅作用，有时会采用一些绝对语言。如"未有天地之先，毕竟也只是理""切如万一山河大地都陷了，毕竟理却只是这里"。②此就存有而言，理、气是截然可分的。万物如皆消灭，则理虽无处运行显现，但仍然自存，不随气与物而消灭。这很显然易导致理可以独存的结论。

然而敬轩论理气关系并不像朱子那样，要落在理一元论上。

理只在气中，决不可分先后。如太极动而生阳，动前便是静，静便是气，岂可说理先而气后也？③

他认为理气无先后可言，理在气中，所以理并非是区别于气的另一物。敬轩并不认为形而上者必然在先，只是强调理气不离不杂。敬轩用日光飞鸟之喻来说明理气关系：

理如日光，气如飞鸟，理乘气机而动，如日光载鸟背而飞。鸟飞而日光虽不离其背，实未尝与之俱往而有间断之处。亦犹气动而理虽未尝与之暂离，实未尝与之俱进而有灭息之时。气有聚散，理无聚散，于此可见。一理古今完具而万物各得其一。④

日光飞鸟之喻，其意是指能运动的只是气，气中有理，理随具体事物而动。但此理是具体事物之理，是宇宙根本之理的表现，不随具体事物的生灭而生灭。朱子之人马之喻，"理搭在阴阳上，如人跨马相似"⑤，

---

① 薛瑄：《读书录》卷三。

② 《朱子语类》卷一。

③ 薛瑄：《读书录》卷四。

④ 同上。

⑤ 朱熹：《朱子语类》卷九十四。

也是就运行而言，理必须依附于气而运动。而敬轩日光飞鸟之喻，则强调理一分殊。宇宙根本之理是不随具体事物运动而运动的，这一根本之理随气而分在具体事物之上成为具体的分殊之理，就是随气而动的。

又有水月之喻：

> 理如月，气如水。或一海水，或一江水，或一溪水，或一沼水，或一钟水，或一盂水，水虽不同，莫不各得一月之光。或一海水尽，或一江水尽，或一溪、一沼、一钟、一盂水尽，水尽时，各水之月光虽不可见而月之本体则常存，初不与水俱尽也。以是观之，则气有聚散而理无聚散也，又可见矣。①

此水月之喻是理学家借用佛教之说，来解释理一分殊。气有聚散而理无聚散，气散之时，具体事物的分殊之理不可见，但根本之理却是长存的。此即"理如日月之光，小大之物各得其光之一分，物在则光在物，物尽则光在光"②。

宋明理学学人有时会模仿佛教的方法，用比喻来讲述理论，但如此一来往往会有缺漏。特别是用具体事物来比喻理论中的哲学范畴，出现似是而非的情况是自然而然的。黄宗羲就认为日光飞鸟此喻有将理、气分而为二之倾向。"羲窃谓，理为气之理，无气则无理，若无飞鸟而有日光，亦可无日光而有飞鸟，不可为喻。"③

理与气充塞宇宙，无所不在，无所不寓，万事万物无不由理气构成。世界万物就是在理气的运作下而生成的。

敬轩承袭周敦颐、朱子之学，其所讲之本体论与宇宙论是连为一体的。

> 物皆得天地之气以成形，所谓"天地之塞，吾其体"，皆得天地之理以成性，所谓"天地之帅，吾其性"。体性，人与物皆同，所谓理一也。然人得其气之正而理亦全，物得其气之偏而理亦偏。圣人尤得其气之最清最秀者，故性极其全，与天地合德。贤者禀其次乎圣人，

---

① 薛瑄：《读书录》卷四。

② 薛瑄：《读书录》卷五。

③ 黄宗羲：《明儒学案》卷七《河东学案上》。

故其德出乎凡民，皆分殊也。①

万物得气以成形，得理以成性。人、物都得到同一理，但受气的影响而产生变化。其说就是朱子之说的再现。朱子言："自一气而言之，则人物皆受是气而生。自精粗而言，则人得其气之正且通者，物得其气之偏且塞者。唯人得其正，故是理通而无所塞；物得其偏，故是理塞而无所知。"②人之气与物之气有正偏之异，故人与物所具之理，虽来自同一根本之理，却表现出不同的分殊之理。另，敬轩又将张载《西铭》之意结合其中，认定人与万物同一气、同一理，人与万物相通，从而贯彻了万物一体观念。

## 二、解释《太极图》

周敦颐的《太极图》历来是受理学家争议的重要文本。尤其是关于无极、太极之争，更是涉及学派学术乃至政治之争的重大问题。

对于《太极图》，敬轩是这样解释的：

> 无极、太极，理也。阴阳、五行，气也。无极、太极非有离乎阴阳，即阴阳而指其本体，不杂乎阴阳而为言，是理虽不杂乎气，亦不离乎气也。五行虽各具一太极，而五行各有其气，是理虽不杂乎气，亦不离乎气也。无极之真，二五之精，妙合而凝，是气理相合而无间也。男女各具一太极，而男女各有阴阳，是理又未尝离乎气也。万物各具一太极，而万物皆有阴阳，是理又未尝离乎气也。是则万物、男女、五行一阴阳，阴阳一太极，太极本无极。初无精粗本末之间，则理气不相离者可见矣。③

敬轩解释《太极图》，专从理气上去讲。"《太极图》，一言以蔽之，曰：

---

① 薛瑄：《读书录》卷十。

② 《朱子语类》卷四。

③ 薛瑄：《读书续录》卷二。

理气而已。"① 无极、太极，都是言理。阴阳、五行，都是言气。在整个万物生化过程中，理气不相离。

敬轩沿袭朱子之说，以"无形而有理"来解释"无极而太极"，"无极即是无形，太极即是有理。"

> 《太极图》上一圈纯以理言，而其下余圈则兼以气言。然上一圈即在下余圈之中，所谓精粗本末无彼此也。②

他认为《太极图》上一圈都是在讲理，无极而太极都是以理言，只有到了阳动阴静才兼以气言。"周子'无极而太极'言虽无形之中而有至极之理，则专以理言。至'太极动而生阳，静而生阴'，则亦兼以气言矣。"③

> 无形而有理，所谓无极而太极。有理而无形，所谓太极本无极。形虽无而理则有，理虽有而形则无，此纯以理言，故曰有无为一。老氏谓无能生有，则无以理言，有以气言。以无形之理生有形之气，截有无为两段，故曰有无为二。④

敬轩说无极并不是太极之先的另一阶段，而是以无极来形容太极。无极太极非为二，而是有无为一。老子之说正好和此相反：老子认为无极是无，是理；太极是有，是气；"无极而太极"即从无生有，从而分有无为二。故敬轩极力反对以气来解释太极。如其提到：

> 程复心将《太极图》中着一气字，又从而释之曰"太极未有象数，唯一气耳"。乃汉儒涵三为一、老庄指太极为气之说，其失周子朱子之旨远矣。⑤

程复心《大学章句图》首画《太极图》，中间着一气字，是以气

---

① 薛瑄：《读书录》卷三。
② 薛瑄：《读书录》卷八。
③ 薛瑄：《读书录》卷二。
④ 薛瑄：《读书录》卷一。
⑤ 薛瑄：《读书录》卷八。

言太极。周子"无极而太极"，专以理言也。程说曰："太极未有象，唯一气耳。"是即汉儒异端之说，又岂识所谓太极哉？①

元代学者程复心画太极图时，中间加了气字，这是将太极等同于气。敬轩认为此是偏离了周敦颐、朱子的本意宗旨的。

太极被作为本体论范畴提出来，在敬轩这里，太极是他整个理论的最高实体，是他建构天道观的基础。

太极是无形而有相的。"无穷尽，无方体，太极是也。"②太极是没有形体的，是无限的，在空间上无限，在时间上也是无限的。但是，太极又包含具体的万事万物。"太极之理，其大无外，其小无内，上下四方无一毫空缺之处，而天地万物自不能外。太极常包涵乎天下万物，如大海之水包涵夫水之百物，所谓'万物统体一太极'也。就天地万物观之，各有一太极，如海中之百物各得海水之一，所谓'力物各具一太极'也。"③这是敬轩与朱子不同之处。朱子之理或太极是形而上的，可脱离具体事物而在，而敬轩之太极则不是。

敬轩之太极是动静无限循环的。太极自身能动静，且动静是无限循环的，因而太极是无止息的。"太极只在乎动静而已。"④

敬轩曾对吴澄观点做出过批评：

> 临川吴氏曰："太极无动静，故来子释太极图曰'太极之有动静，是天伞之流行也'，此是为周子分解，太极不当言动静，以天命有流行，故只得以动静言。"窃谓天命即天道也，天道非太极乎？天命既有流行，太极岂无动静乎？朱子曰"太极者本然之妙也，动静者所乘之机也"，是则动静虽属阴阳，而所以能动静者，实太极为之也。使太极无动静，则为枯寂无用之物，又焉能为造化之枢纽、品汇之根柢乎？以是观之，则太极能为动静也明矣。⑤

---

① 薛瑄：《读书录》卷十。

② 薛瑄：《读书录》卷八。

③ 薛瑄：《读书续录》卷一。

④ 薛瑄：《读书录》卷十一。

⑤ 薛瑄：《读书录》卷九。

吴澄认为太极无动静，只是天道在流行运动，才有动静可言。但敬轩认为天道即是太极。如若太极自身没有动静，那就像是枯寂无用的东西一样，又如何能生成万物？这又是敬轩与朱子不同之处。朱子认为动静是有形的具体世界的表现，是阴阳二气的动静，而不是太极自身的动静，动静是指太极所乘气机的动静。敬轩则不然，他一直强调太极只在乎动静而已。

敬轩之学因其只有零散的叙述，故看不到朱子那种理论体系的完整性、紧密性。敬轩"尊朱""述朱"，但也对朱子之学的个别理论或者某一方面做了阐释和发挥。敬轩所开创的河东学派对朱子学的转变起到了承上启下的作用，对明中叶以后气学思潮的形成产生了深远影响。

# 第五章　吴与弼及崇仁学派

崇仁学派是吴与弼创立的。因吴与弼是抚州崇仁人，故称其所创学派为崇仁学派。该学派门人众多，主要有胡居仁、陈献章、魏校等。崇仁学派对明代学术思潮的兴起具有"启明"的作用。

## 吴与弼

吴与弼（1391—1469），字子傅，号康斋，明崇仁县莲塘小陂人，崇仁学派创立者。他与薛瑄同时代，号称南北两大儒。年十九，拜杨溥为师，见到《伊洛渊源录》乃发奋图强，心慕"圣贤之学"，遂放弃科举之路。立志理学，居乡招徒授业，朝廷荐举屡辞不就。其一生自奋自励，但其"节操"多受非议，在理学上不能恪守朱说。

吴与弼是阳明心学的开启者、发端者。他认为朱子学的著作太多，流于"支离"。他本认为："宋末以来笺注之繁，率皆支离之说，弦目惑心，非徒无益，而反有害焉。故不轻于著述。"[①] 吴与弼的著作不多，今有《康斋文集》12卷。

元气说。康斋有元气之说。其元气说仍然坚持朱子的理气观，承认理的根本性。

元气是天地真气，是天地真心所出。元气遍及天地万物，无所不包，并体现在人身上，具有本体的意味。康斋说：

---

① 娄谅：《康斋先生行状》。

> 三纲五常，天下元气。一家亦然，一身亦然。①

三纲五常就是元气，不论是一家还是一个人，都应该遵循三纲五常，修养身心。元气不仅适用于一家的治理，而且还适用于一身的道德培养。以纲常为核心的儒家伦理就应该用于家庭的治理之中。

康斋更多地把元气作为自我身心修养的核心理论。

> 区区向时不晓事，其进太锐，且高大其声，耗丧元气，极为大害。②

康斋极力反对"耗丧元气""伤元气"的行为。故保养自身、保护有自然特征的元气是极其必要的，所以他说勿以"客气伤元气"。

康斋年轻时长年患病，因贫困而无资看病，只能通过精神保养的方法来克治疾病。以养元气来消除身上的疾病，成为他保养身心的主要方法。他通过亲身体验，把宋儒所讲的精神性元气转化为能验于身心的元气，从而使客观之理落到真实之处。

康斋很少论述气的抽象层面，而把涵养心气，变化气质，提升精神修养作为主要目标。事有不顺，是因为人心禀受了不正之气，而要像孟子一样善养吾浩然之气，就必须去除偏颇之气质。

> 与邻人处一事，涵容不熟。既已容讶，彼犹未悟。不免说破，此间气为患。寻自悔之。因思为君子，当常受亏于人，方做得益。受亏，即有容也。③

气质一旦不纯，即容易扰乱心智，必然会有不当之举。所以应该涵养此心不使为外物所胜，破除心中之闲气，能得心中之湛然洒落。君子的行为应当时刻受人心中天理所支配，要想避免偏失行为的出现，就必须于心上做功夫，从而消除闲气，使人心豁达开朗。

思虑不当容易使人心蒙蔽污池之气，一旦遭遇这种情况，应该徐思

---

① 吴与弼：《康斋集》卷十一《日录》。
② 吴与弼：《康斋集》卷八《与友人书》。
③ 吴与弼：《康斋集》卷十一《日录》。

渐行，以免行为有所偏失。

> 夜病卧，思家务，不免有所记虑，心绪便乱，气即不清。徐思可以力致者，德而已，此外非所知也。吾何求哉，求厚吾德耳。心于是乎定，气于是乎清。[①]

> 南轩读《孟子》甚乐，堪然虚明，平旦之气略无所挠，绿荫清昼，薰风徐来，而山林闻寂，天地自阔，日月自长。邵子所谓"心静方能知白日，眼明始会识青天"，于斯可验。[②]

平旦之气，容易扰乱人的心智。读圣人之书，可使心中豁然开朗，平日所沾染的污秽之气便不再扰乱心中正气，心得其正，于是天地开阔，心静眼明。

康斋认为只有消除了私欲之气，道德才能纯净，心中的天理才能彰显出来。要不然，人欲之私稍稍发动，即使人离却了正道。

康斋论元气和修养功夫，继承了宋以来的学者所讨论的对气质之性的看法。虽然康斋仍沿着朱子学的路径前进，但是我们几乎看不到任何有关理气关系等形而上问题的论述。他将焦点放在践履上，注重"心"，从而为学术的转变开启了新的方向。

## 胡居仁

胡居仁（1434—1484），字叔心，号敬斋，江西余干县梅港人。幼时习词章之学，尤好圣贤之学。闻名儒吴与弼在家讲学，遂前往听讲学习，拜其为师，自此以后弃绝科举。"筑室于梅溪山中，事亲讲学之外，不干人事。久之，欲广闻见，适闽，历浙，入金陵，从彭蠡而返。所至访求问学之士，归而与乡人娄一斋、罗一峰、张东白为会于戈阳之龟峰，余干之应天寺。提学李龄、钟诚相继请主白鹿书院，诸生又请讲学于贵溪桐源书院。淮王闻之，请讲《易》于其府。"[③] 其学以主忠信为先，以求放心为要。

---

① 吴与弼：《康斋集》卷十一《日录》。

② 同上书

③ 黄宗羲：《明儒学案》卷二。

胡居仁著述甚丰，有《胡文敬公集》《易象抄》《居业录》及《居业录续编》等书行世。

## 一、理气关系

敬斋对理气关系的解说，无大的发明，未超出朱子学的藩篱。

他认为气是实在的，并且无处不在。

> 天地间无处不是气。砚水瓶需要两孔，用一孔出气，一孔入水。若止有一孔，则气不能出而塞乎内，水不能入矣。以此知虚器内皆有气。故张子以为虚无中即气也。[1]
>
> 无处不是气，只是人不见耳。有形影人方见，有形影是质，质是气之融者。[2]

而敬斋又认为太和即是气。

> 张子以太和为道体。盖太和是气，万物所由生，故曰保合太和，乃利贞。[3]

太和是气，万物就是由太和而生。其实敬斋此处意指气是作为材质、构成万物的。

> 天地间物只是一个消息，有息必有消，消则必息。然息者自息，消者自消，自然之理。天地间气化无一息之停。[4]

天地间形成万物的气化运行过程一刻都不会停止。万物不断地产生、消灭。

---

[1] 胡居仁：《居业录》卷六。

[2] 同上。

[3] 胡居仁：《居业录》卷八。

[4] 胡居仁：《居业录》卷六。

若天地生物，只是阴阳交变错综，生千生万，无穷无尽，又不可限以数目，故曰一阴一阳之谓道。①

敬斋认为气分阴阳，阴阳交变错综，从而形成万物。故万物是各种各样的。

他还认为天地万物虽由气生成，然皆"一理之所为"。理主于气，理比气更为根本，万物的本原是理而不是气。在这里，敬斋还是遵循朱子的观点。

有理必有气，理所以为气，气乃理之所为，生万物者气，理在气中。②

理乃气之理，气乃理之气，混之则无别，二之则不是。理是气之主，气是理之具，二者原不相离，故曰二之则不是。③

但是敬斋认为理气相依，是不可分先后。敬斋反对有理方有气，气是理派生的观点。

有此理则有此气，气乃理之所为，是反说了。有此气则有此理，理乃气之所为。

"立天之道曰阴与阳"，阴阳，气也，理在气中。"立地之道曰柔与刚"，刚柔，质也，因气已成理。"理人之道曰仁与义"，仁义，礼也，具于气质之中。④

敬斋认为理对气有决定作用，但同时也指出有此气就有此理，主张不能将理气二分看待。理在气中，因气以成理。此则与朱子所认为的有是理则有是气的观点有所不同了。

---

① 胡居仁：《居业录》卷八。

② 同上

③ 同上。

④ 胡居仁：《居业录》卷三。

以气论之，则有聚散虚实之不同。聚则为有，散则为无。若理则聚有聚之理，散有散之理，亦不可言无也。[①]

若理则虽流行不息，乃形而上者，无有聚散，不可言虚实不可言有无。理则无时而无也。[②]

气是有有无、聚散、虚实的，而理则无所谓聚散。因为理是形而上者，无形无相，也就谈不上聚散有无了。

太极，在敬斋那里，就是理。这也是继承了朱子的观点。

太极者理也，阴阳者气也，动静者，理气之妙运也。

太极理也，道理最大，无以复加，故曰调剂。凡事到理上，便是极了，再改易不得。太是尊大之意，极是至当无以加也。[③]

太极与阴阳的关系就是理与气的关系。理存于气中，太极也是存于阴阳之中。

敬斋论理气，基本就是继承了朱子的思想，但是也有所突破。

## 二、存心养气功夫

敬斋思想以主忠信为先，以求放心为要。

理与气不相离，心与理不二，心存则气清，气清则理益明。理明气清，则心益泰然矣。故心与气须养，理须穷，不可偏废。[④]

理虽不杂乎气，亦不离乎气也。心则气之精而最灵，具乎是理者也。气清则心存而理在，气昏则心放而理亡。一日之间，唯旦气最清，故能存其仁义之心也。[⑤]

---

① 胡居仁：《居业录》卷七。

② 同上。

③ 胡居仁：《居业录》卷八。

④ 胡居仁：《居业录》卷一。

⑤ 胡居仁：《夜存子说》，《胡文敬集》卷二。

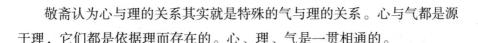

　　敬斋认为心与理的关系其实就是特殊的气与理的关系。心与气都是源于理，它们都是依据理而存在的。心、理、气是一贯相通的。

　　　　理与气不相离，心与理不二，心存则气清，气清则理益明，理明气清则心益泰然矣。故心与气须养，理须穷，不可偏废。或因："修养家之氧气同否？"曰："修养家所养乃一身之私气，私则邪矣。""恶人气矣甚，何也？""恶人乃恶浊粗暴之气，血气之私也。若清纯刚有乃正气也。常验之，有心密则粗暴昏浊之气自消，理直则刚大之气身生。心也、理也、气也，二而一也，正则俱正，邪则俱邪。"①

　　敬斋又说心、理、气三者是相互联系的，但三者在修养中的分工不同，相互影响。气受到心的引导，故存心可以帮助养气。气作为心理、情绪的体验，它的存养又可当成是养心。气养得清明，理就不会塞，理明气清就可身心舒泰，得到一种适宜的心境和感受。

　　基于这样的理论，在功夫论层面敬斋认为存心就是存万理，但要以养气加以补充。

　　　　人苦无才，此只是不穷理，理明才自长，然又须养气以充之，存心以察之。②

　　人缺乏知识的原因是不能穷理，明理之后知识就能自然增长。此时就需要用养气和存心来加以把控，避免心性向异端发展的问题。

　　敬斋以孟子为例，认为孟子之所以才高，是因为方法得当。

　　　　孟子才高，在心性源头处理会。曰存心养性，曰求放心扩充四端之类。其曰操、曰存、曰养、曰求、曰扩充。孟子功夫便在此下手。
　　　　孟子求放心、集义养气，内外本末交尽也。③

---

① 胡居仁：《居业录》卷一。

② 胡居仁：《居业录》卷二。

③ 胡居仁：《居业录》卷三。

孟子的功夫独到之处是扩充四端，从而做到存心养性。孟子地位高就在于孟子真正做到了理气相一。欲望产生于人体物质基础的气，天理则发自于内在的性。理气相一就是以理主气，用天理原则主导情感欲望。

> 问："论性者或以理言，或以气言，或兼理气言，何如？"顾叔时曰："厥初一气也，孰主宰？是理也。所谓性，盖自其主宰言之也。"曰："如此得无遗气？"曰："既曰自其主宰言。便是就气上点出理来，曷尝遗气？吾侪要识性须从主宰处认取，方有下落，虽曰性不离于气，亦必知其有不堕于气者，存而后性之真面目始见耳。若向气上认取，他这个纷纷纭纭、清浊纯驳、千态万状，将指何者为性？"曰："然则理与气二乎？"曰："识得理是气之主宰，如何分而为二？"曰："然则理与气一乎？"曰："识得理是气之主宰，如何混而为一？"又曰："大哉乾元，万物资始。至哉坤元，万物滋生。人与禽兽都从那里来，有何差殊？其不同者，只是这些子灵处耳。"曰："何以有这些子不同？"曰："理同而气异也。"曰："这些子恐亦是理之发窍。"曰："诚然。第谓之发窍，便已落于气矣。这个窍在禽兽仅通一隅，在人可周万变。自禽兽用之只成禽兽，自人用之便成个人，至于为圣为贤与天地并，其究判然悬绝，而其分岐之初不过是这些，故曰几希。自从源头上看也。"又曰："庶民去之，君子存之，存之则人矣，去之则禽兽矣。存与去两者其间不能一寸，故曰几希。此从念头上看也。从源头上看便知人绝无可自恃处，从念头上看便知人略无可自肆处。"由叔时之言观之，此一图以乾南为统体，则诚明之性乃人之源头；以离东为发窍，则明诚之教乃人之念头。从源头上看不通便塞绝无少可自恃处，从念头上看不存便去略无少可自肆处，此一图方始到手。①

敬斋继承了宋以来天地之性与气质之性二分的说法。理同气异，所以万物、人有了差异。故敬斋认为要从源头上去看，即要回到理。

> 黄勉斋言"性虽为气质所杂，然其未发也，此心洪然，物欲不生，气虽偏而理自正"，以释子思"未发之中"。又引朱子"未发之前气不

---

① 胡居仁：《易象钞》卷一。

用事"为证。窃恐误也。夫偏浊之人未发之前已失其中，故已发不能
和。……不善之人矣有静时，然那时物欲虽未动，然气已昏，心已偏倚，
理已塞，本体已亏，故作未发以前功夫。①

不是任何人在任何时候的未发都是中，不善的人在静时虽属未发，
但气已昏蔽，故心中不是中，而是有所偏倚。所以对于这一类人，就需
要有未发以前功夫。

明代理学中，理气说不仅是作为本体论来讨论的，更是作为修养论
来讨论的。敬斋就是基于心、理、气合而一的理论基础，提出人们在修
养实践中要明理、存心、养气。心的地位逐渐被承认和抬高，突破了朱
子学的观点，开始了新的转向。

## 魏　校

魏校（1483—1543），字子才，江苏昆山人。居苏州葑门之庄渠，
因自号庄渠。弘治十八年（1505）进士。曾任南京刑部主事、广东提学
副使、江西兵备副使、河南提学、太常寺卿掌祭酒事等，嘉靖二十二年
（1543）卒，年六十一，谥庄简。

魏校私淑胡居仁主敬之学，而贯通诸儒之说。以气作为自己哲学的
最高范畴，特别是继承张载、胡居仁等宇宙流行之理的学说，以"天根
之学"为宗旨。著有《大学指归》《周礼沿革传》《六书精蕴》《春秋经世》
《经世策》《官职会通》《庄渠遗书》。

## 一、太虚，气也

庄渠自言其学说宗旨为"天根之学"，黄南雷则概括其说为：

> 其宗旨为天根之学，从人生而静，培养根基，若是孩提，知识后起，
> 则未免夹杂矣。所谓天根，即是主宰，贯动静而一之者也。敬斋言："心
> 无主宰，静也不是功夫，动也不是功夫。"此师门敬字口诀也。第敬斋

---

① 胡居仁：《居业录》卷二。

功夫分乎动静,先生贯串总是一个,不离本末作两段事,则加密矣。聂双江归寂之旨,当是发端于先生者也。先生言:"理自然无为,岂有灵也?气形而下,莫能自主宰,心则虚灵而能主宰。"理也,气也,心也,歧而为三,不知天地间只有一气,其升降往来即理也。人得之以为心,亦气也。气若不能自主宰,何以春而必夏、必秋、必冬哉!草木之荣枯,寒暑之运行,地理之刚柔,象纬之顺逆,人物之生化,夫孰使之哉?皆气之自为主宰也。以其能主宰,故名之曰理。其间气之有过不及,亦是理之当然,无过不及,便不成气矣。气既能主宰而灵,则理亦有灵矣。若先生之言气之善恶,无与于理,理从而善之恶之,理不特死物,且闲物矣。其在于人,此虚灵者气也,虚灵中之主宰即理也。善固理矣,即过不及而为恶,亦是欲动情胜,此理未尝不在其间,故曰"不为尧存,不为桀亡",以明气之不能离于理也。①

庄渠之学上承胡居仁,下启聂双江。虽然其宗旨是天根之学,即重视静中涵养本源、立定主宰的功夫,但庄渠同时也重视关于本体的讨论。南雷总结庄渠论本体是以气为本,"天地间只有一气"。理虽是主宰,但也是在气中,气之升降往来就是理。

庄渠曾言:

太虚,气也。大块,气之质也。气聚成质,人物盈其间矣。孰纲维是,一理以主之。理非别是一物在气为主,只就气上该得如此的便是理之发用,而其所以该得如此则理之本体然也。理本该得如此然,却无为不能自如此。气是个盛贮该载敷施发用底,凡理之能如此处皆气所为也。②

太虚就是气,大地是气的形质。太虚并不是虚无,而是存在于宇宙中的气。它无形体,所以为太虚。此太虚一范畴,沿用自张载,是庄渠对张载气本论的继承。"夫气之始,混沌未分,只是浑沦一个,该得如此。"③天地以及天地间人物都由这一浑沦的气构成形质。这样的理论带

---

① 黄宗羲:《崇仁学案三》,《明儒学案》卷三,第47页。

② 魏校:《理气说》,《庄渠遗书》卷十六。

③ 同上。

有气本论的特征。

庄渠认为气有精英渣滓之分。"气，精英不能无查滓。精英则虚而灵，能妙乎异，查滓则塞而不能，但理在查滓则亦随其所能，有个当然处。"[①]同一气因为有了精英渣滓之分，也就形成不同之物。在天地，"天浑是一团精英之气，包运乎外，而地形查滓，拶在中间"。清轻之气在外成为天，是精英之气。重浊之气在内成为地，是渣滓之气。在人身，"人身浑是一团气，那查滓结为躯壳，在上为耳目，在下为手足之类；其精英之气，又结为五脏于中，肝属木，肺属金，脾属土，肾属水，各得气之一偏，亦与躯壳无异，故皆不能妙是理。心本属火，至虚而灵，二五之秀所萃，乃精英中之最精英者，故健顺五常之德咸备，而百行万善皆由是而出焉"[②]。渣滓之气形成人的躯体，精英之气形成人的内脏，而心为精英之气中最精英的部分所形成。在人性，"人得气之精英，心含二五之秀，健顺五常之德，与天地同，亦唯圣人全禀精英，能尽其性，其次精英中带了些渣滓，以多寡为智愚贤不肖之等差"[③]。人有智愚贤不肖的区分，在于得查滓之气的多少。只有圣人所得全是精英之气，而一般人在精英之气中带了些渣滓之气，就有了不同的等差。

## 二、理、气、心，歧而为三

庄渠以气为本，在其思想中认定理、心等，均是本于气而来。正如南雷所言："理也，气也，心也，歧而为三，不知天地间只有一气，其升降往来即理也。人得之以为心，亦气也。"[④]

庄渠论理，以为理是气中"该得如此"。

> 理者，气之主宰。理非别有一物，在气为主。只就气上该得如此处便是理之发用，其所以该得如此则理之本体然也。[⑤]

---

① 魏校：《理气说》，《庄渠遗书》卷十六。

② 魏校：《复余子积论性书》，《庄渠遗书》卷十三。

③ 魏校：《理气说》，《庄渠遗书》卷十六。

④ 黄宗羲：《崇仁学案三》，《明儒学案》卷三，第47页。

⑤ 魏校：《体仁说》，《庄渠遗书》卷五。

理在天地间，本非别有一物，只就气中该得如此便是理。①

所谓"气中该得如此"，是指气所具有的条理规律，这就是理。理是气之主宰，但理非独立于气之外而存在的，而是气运动变化的内在规律。

理气是一，后理随气而有分殊。

通宇宙全体浑是一理充塞流行，随气发用，在这里便该得如此，在那里又该得如彼，千变万化。②

混沌之时，理气同是一个，及至开辟一气，大分之则为阴阳，小分之则为五行，理随气具，各不相同，是故在阳则为健，在阴则为顺，以至为四德，为五常，亦复如是，二五错综，又分而为万物，则此理有万其殊矣。理虽分别有许多，究竟言之，只是一个该得如是。③

最初理气本是一个，理随气的运动流行变化而充塞全宇宙。气有阴阳五行，流行变化可以形成万物，理随气而有各种体现。万物之理虽殊，但归根结底是气之理。

庄渠又论及心，以为"虚灵主宰是之谓心"④。

人虚明灵觉的心和人的形体一样，本于一气，与天地之气相通。

人本天生，理气形神合下均付，恰如天之脱壳包裹于外。心体太虚，宅于中央，形骸有间隔，气常与天相通，心之神明不测，能弘此理而与天同。⑤

心因与天地之气相通，故只要能弘扬心之神明不测，就可体会与天相同之理。由此，庄渠认为心具有极强的反思能力，可以突破时间和空间的局限，与宇宙同大。

---

① 魏校：《复余子积论性书》，《庄渠遗书》卷十三。

② 魏校：《体仁说》，《庄渠遗书》卷五。

③ 魏校：《复余子积论性书》，《庄渠遗书》卷十三。

④ 魏校：《体仁说》，《庄渠遗书》卷五。

⑤ 魏校：《心说》，《庄渠遗书》卷十六。

天地太和元气，氤氲氲氲，盈满宇内，四时流行。春意融融蔼蔼，尤易体验，盎然吾人仁底气象也。人能体此意思，则胸中和气骎骎发生，天地万物血脉相贯，竟郁之久，及其应物，浑乎一团和气发见，所谓丽日祥云也。①

天地浑浑一大气，万物分形其间，实无二体。譬若百果累累，总是大树生气贯彻。又如鱼在水中，内外皆水也。人乃自以私意间隔，岂复能与天地万物合一乎？②

庄渠认为心气本一，贯通人与天地万物之间，天道和人道贯通，与天地浑然一体。人因私欲而与天地万物隔绝，则是违背了天道。因而人需要去除私欲，进而与天地万物合一。由此可见，庄渠对于心性之学一以贯之的传承，也体现了对于天人合一的自然与生命学问的豪迈精神。

庄渠早年曾议论象山"近于禅学"，而后来知"象山天资甚高，论学甚正，凡所指示，坦然如大道而行"③。庄渠之学虽与象山之学并不完全相同，但其境界也逐渐转向追求达到与象山"吾心即宇宙"同高的极深境界。

通览庄渠的主要著述，可知其并非有浓厚思辨志趣的学者。庄渠的学说旨趣不在哲学思辨的玄远中，而在于反身修德的真实践履中。故庄渠论本体最终为其天根之学设定基础。基于心气本一，庄渠言功夫时论及心，往往也是和气联系在一起。他认识到人欲较实、天理较虚，因此需要大发勇猛心，克制自己，自做主宰，以达至圣贤之心境。天根之学是学问的根本，而心之收敛是天根学的功夫，其核心在主静。"静则气母归根，动则神机发现。"④庄渠言"敬只是吾心自作主宰处"，而批评"今之持敬者，不免添一个心来治此心"，"把捉太紧，血气亦自不得舒畅，天理其能流行乎？"⑤心作为人体形神的主宰，产生于气，受制于气。通过气的流行，人得以贯通天地万物，达到身心和谐。

---

① 魏校：《体仁说》，《庄渠遗书》卷五。

② 同上。

③ 魏校：《复邵思抑》其三，《庄渠遗书》卷十一。

④ 魏校：《答陈元诚》，《庄渠遗书》卷三。

⑤ 魏校：《体仁说》，《庄渠遗书》卷五。

# 第六章　湛若水

湛若水（1466—1560），字元明，号甘泉，广东增城人。弘治五年（1492）在乡中举。弘治十八年（1505）参加会试中进士。先后官任翰林院庶吉士、编修、侍讲、侍读，国子监祭酒，礼部、吏部、兵部尚书，赠太子太保，谥文简。

少师事陈献章，后与王守仁同时讲学，各立门户，主讲"随处体认天理"，强调以主敬为格物功夫，时称"王湛之学"。著作有《湛甘泉先生文集》《春秋正传》《圣学格物通》等。

## 一、理气浑然为一

甘泉之学是体用浑一之学。

甘泉的老师陈献章就十分重视气。正如陈献章所言：

> 天地间一气而已，屈信相感，其变无穷。人自少而壮，自壮而老，其欢悲、得丧、出处、语默之变，亦若是而已，孰能久而不变哉？变之未形也，以为不变；既形也，而谓之变，非知变者也。夫变也者，日夜相代乎前，虽一息变也，况于冬夏乎生于一息，成于冬夏者也。[①]

天地间就是一气，人的成长、情感的变化等等都是由于气的变动而表现出来。没有气的不停止的周流化生变动，也就没有了充满生意、变化多端的世界了。

---

[①]　陈献章：《陈献章集》，中华书局，1984年，41—42页。

甘泉继承了其师陈献章的观点：

> 上下四方之宇，古今往来之宙，宇宙间只是一气充塞流行，与道为体，何莫非有，何空之云？虽天地弊坏，人物消尽，而此气此道亦未尝亡，则未尝空也。
>
> 一气充塞，流行于天地，故有屈伸、升降、进退相乘也，元非二物。①

甘泉认为宇宙间只有气，无时无刻、无处不在地在宇宙中运行变化，天地人物都可以弊坏消亡，唯有气与道是不会消亡的。气以流行的方式充塞于宇宙间，此意味着气非凝固静止，而是流动不已。因气化流行，才有屈伸、升降、进退等动态。进而言之，屈伸、升降、进退等动态演绎着世界的生生不息、变化莫测，世界从而具有生生之气息。

而气本身是虚的。

> 虚无即气也，如人之嘘气也，乃见实有，故知气即虚也。其在天地万物之生也，人身骨肉毛面之形也，皆气之质，而其气即虚无也。是故知气之虚实有无之体，则于道也思过半矣。②

气是虚的，但是万物却借气而展现出实有。故了解气是虚实有无之体，人才能真正理解万物是气化生而来。

> 蒋信问："'气之聚散于太虚，犹冰凝释於水。'然则气有聚散乎？"曰："然。"曰："白沙先生曰：'气无聚散，聚散者，物也。'然则气果无聚散乎？"曰："然。以一物观，何讵而不为聚散？自太虚观，何处而求聚散？"③

蒋信怀疑张载的"气之聚散"与陈献章的"气无聚散"是矛盾的。甘泉则指明这是从不同层面去说的，并不矛盾。从普遍整体的角度来看，

---

① 湛若水：《湛甘泉先生文集》卷七。

② 湛若水：《湛甘泉先生文集》卷二。

③ 湛若水：《湛甘泉先生文集》卷三。

气充塞于太虚之中，太虚即气，则气之大体无所谓聚散，而从具体个别的角度来看，则各种事物都是气的聚散分殊。

那么气之背后运行的动力为何？甘泉认为气分为阴气、阳气，阴阳二气相互交织、相互摩荡，产生万物。

> 故天地万物之所以能化生万物者，以阴阳变合之不齐也。[①]

对于理，甘泉有这样的认识：

> 古之言性者，未有以理气对言之也。以理气对言之也者，自宋儒始也，是犹二端也。夫天地之生物也，犹父母之生子也，一气而已也，何别理附之有？古之人其庶矣乎！刘子曰："人受天地之中以生。"中也者，和也。人也者，得气之中和者也。圣也者，极其中和之至者也。阴阳合德，刚柔适中，理也，天之性也。夫人之喜怒，气也；其中节焉，理也。易曰："一阴一阳之谓道。"道也者，阴阳之中也。"形而上者谓之道，形而下者谓之器。"器即气也，气有形，故曰"形而下"。及其适中焉即道也，夫中何形矣？故曰"形而上"。上下一体也，以气理相对而言之，是二体也。[②]

甘泉批驳了理气二分的看法。古人从不将理气而言，从宋儒那里起，方有理气对言之论。天地间万物只是一气，并没有另外的理存在。阴阳适中，就是理。一阴一阳之谓道，道或理就位于阴阳之中。"道也者，阴阳之中也。"中是和偏相对而言的。偏阴或偏阳则不是道。这一看法，明显不同于程朱理学。程朱理学中认为"所以一阴一阳者为道"，重点在"所以"。"所以一阴一阳"聚焦的并非阴阳二气，而是所以。一阴一阳只表达事实本身，而其动之因所以却关注重点，也即理。在理气关系中，理占主导地位，理支配着气的运行。而甘泉的观点则不同，是直接从气的层面来讲理。甘泉认为理是依附于气的，气存则理现。

在与薛中离讨论太极图的渊源时，甘泉将道家的阴阳鱼太极图与周子

---

① 湛若水：《湛甘泉先生文集》卷七。

② 湛若水：《湛甘泉先生文集》卷二。

太极图作了比较：

> 今据古太极图二，其一图黑白各在上下之稍东稍西起者，以为未见根阴根阳之义；其一图黑白各在上下之中起者，以为见根阴根阳之义，而未见互藏其宅，是根一也，宅又一也。思之则诚若有所疑者。盖太极者，乃至极之理，此理初何形象？周敦颐不得已而画之一圈，亦已多矣。图说曰："无极而太极。"太极者，至理也；无极者，以言其无穷尽也，道体本无穷尽也，故曰："太极本无极也。"何等易见！而朱子以为太极之上不可无无极时，陆则以为不宜于太极之上加无极，皆未之察耳，而争辩互动。数百言，可乎？太极者，至理浑然未分之时也，今所传古太极，图则于未分之时而强加之以黑白，惑矣。夫太极未形，一理浑然黑白何分，阴阳何判？其此图有分有判者，此乃二仪图也，非太极图也，盖后儒好事者为之，伪称古图也。盖有不知而作者，此之谓也。执事何据而论之？若是古图，则周敦颐、程、张、朱、陆诸大儒何不一言及之耶？其馀则似过于分析配合，又突过于紫阳之上矣。吾独爱周敦颐、明道之浑沦，其后唯吾白沙先生复得此意。其或继周者，则白沙可也。且执事以为发明周子原一之义。夫主静者，主一也，其见是矣。然而周子太极图只一圈，而足下古太极图分黑白，阴阳分配，是为发明周子乎？心即性也，性即理也，性者，心之生理也，心性一也。而分心图性图为二，可乎？心图性图之下又为一大图，左二而右一，何指乎？若谓阴左而阳右，阴阳反易其位矣。岂以心为阴，以性为阳耶？皆不可晓也。足下所急，在求孟子勿忘勿助之规矩，而方圆自得。以足下之才力，涵养至六七十为之，未晚也。感执事质疑之义，故有以答执事，固非好辩也，不得已也。①

甘泉认为阴阳鱼太极图并非儒家古图，而是后人伪造的。周敦颐在《太极图说》中讲"无极而太极"，而并非无极生太极，太极是变化创生的浑沦的道体。对于宋代学者论理气关系，甘泉将其分成了三种类型。周敦颐、张载、程颢持理气浑沦说，朱熹持理本说，陆象山持心即理说。甘泉自己则更认可理气浑沦说，认为陈献章是继周敦颐、程颢之后再讲

---

① 湛若水：《甘泉先生续编大全》卷三十三。

理气浑沦说的。

在甘泉眼中，朱熹说"无极即太极"实际上把理气二分开来，而不知太极涵虚的混沌之道。气不是由清虚高玄的理产生的，无极是指宇宙生化是无穷尽的。

陆象山的心学则干脆将气排除在外，避而不谈。陆象山认为《太极图说》与《通书》不一致，太极之上还加了一个无极，太极见于《周易》可以视为儒家的说法，而无极则显然是道家的说法，故而《太极图说》不是周敦颐所作。

甘泉认为理气一体，并无先后：

> 一阴一阳之谓道，道一阴阳也，阴阳一气也，气一宇宙也，一而已矣。一不变则宇宙不变，宇宙不变则气不变，气不变则阴阳不变，阴阳不变则道亦不变。夫道一而已矣，智者见之，仁者有之。[1]

又有诗：

> 万物宇宙间，浑沦同一气。就中有案然，即一为万理。外此以索万，舍身别求臂。逝川及鸢鱼，昭昭已明示。见之即浑化，是名为上智。[2]

由此可见，甘泉认为理气是浑沦的。虽言说着理，有理的概念，但理非孤悬于气之外，而是气中蕴含着理，即气而言理。

## 二、论万物一体

甘泉论理气关系，认为理气浑沦，理气一体，并以气为主。但甘泉继而合理气而言心，最终还是回到其"随处体认天理"的为学宗旨上。

> 以随处体认求之于外者，非也。心与事应，然后天理见焉，天理非在外也。特因事之来，随感而应耳。故事物之来，体之者心也。心

---

① 湛若水：《湛甘泉先生文集》卷二。

② 湛若水：《甘泉先生续编大全》卷六。

得中正，则天理矣。人与天地万物一体，宇宙内即与人不是二物。故宇宙内无一事一物合是人少得底。①

理是气之中和，而中和就已经带有价值判断。理不离心而有。随处体认天理，就是对事物的体认都是心得中正并自觉此中正。甘泉认为万物一体，是心物合一，故随处体认天理并非求之于心外。

甘泉所谓之心，是包贯宇宙的天地之心。个人不过只是宇宙间的一个主体，却是众多主体中最为至虚至灵的。

池阳高士有古源李子者，谢太学，隐居小丘山，十余年不出，志圣贤之道。闻甘泉子而慕焉，然而未尝识面，甘泉亦未尝识其面，而知之贤而敬之，曰神交矣。或曰："面面不相识，何谓神交？"甘泉子曰："夫人皆识面，浅者也，而谓上下千万年识尧、舜、禹、汤、文、武、周、孔是何面目，而若相知之深焉，神交也。故孔子梦周公、高宗梦傅说、舜梦拜乎丞、黄帝梦游华胥、见尧羹墙，皆心也、神也。神也者，心之所为也，故心之神也。交，通也，通天而天，通地而地，通万物而万物，通尧、舜、禹、汤、文、武、周、孔，而尧、舜、禹、汤、文、武、周、孔。感而通之，一气也。气也者，通宇宙而一者也，是故一体也。一体故氤氲相通，痛痒相关，不交而交矣。②

又有：

夫圣人之学，心学也。如何谓心学？万事万物莫非心也。记曰："人者，天地之心。"人如何谓天地之心？人与天地同一气，人之一呼一吸与天地之气相通为一气，便见是天地人合一处。且如我越宣圣数千载，诸君、诸师长、诸生又与我相越数千里，我之心因何谒诚来拜宣圣之庙庭？尔诸师长、诸生之心，又因何翕然而来迎我？又不有所驱逼而来，又不是有为而来，盖以其此心同一个心，是以翕然感应耳。因此见得诸生之心即师长之心，诸师长之心即诸君之心，诸君之心即

① 湛若水：《湛甘泉先生文集》卷七。
② 湛若水：《湛甘泉先生文集》卷十八。

宣圣之心，宣圣之心即文、武、周公之心，文、武、周公之心即禹、汤、尧、舜之心，古今天下同此一心。何以言之人者，天地之心也。天地与人同一气，气之精灵中正处即心，故天地无心，人即其心。[①]

甘泉认为天地人物，一气相通，而心与万事万物感应，心能通天通地。其次，人心之间也是相通的。心与天地万物相通而为一，心即为天地合一处。人即是天地之心。甘泉将心与气合一而言，气之精灵中正处就是人心。

由此，甘泉进一步提出万物一体之说。万物一体，即是万物能涵摄于廓然之心。

人为万物之一，亦为一气所化，但人与物还是有所区别的。

天地人物一气也，而人得天地之中气以生，为最贵，非人即亦无天地矣。[②]

甘泉认为人如万物一般，为气之所化，但气偏阴偏阳则为物，当气不偏不倚、处于中正状态时，则成为人。人就是万法之尊、万物之灵。

人之一呼一吸，天地之气也。气在天地，吸之即翕，天地之气通我也；呼之即辟，我之气通天地也。是故知天地人之一体。[③]

人和天地万物，就是通过气相通的。人一吸，天地之气进入人体，人一呼，人之气进入天地。人正是借着气沟通了自身和天地，从而得知天地万物与人一体。

万物皆一气所化，故万物自然可以相互感应，正如人之一身，脉络相通，痛痒相关。

天下古今，只是感应而已矣。何以感之即应，疾于影响？宇宙内

---

① 湛若水：《湛甘泉先生文集》卷二十。
② 湛若水：《湛甘泉先生文集》卷八。
③ 湛若水：《湛甘泉先生文集》卷二。

只是同一气，同一理。如人一身，呼吸相通，痛痒相关，如刺身之一处则遍身皆不安。[①]

人为天地间中正之气所化，故人最为天下贵。人之本在心，心是感应之本体，物是感应之对象。天地间万物浑然一体、心与物浑然无别，都是气所化。

---

① 湛若水：《湛甘泉先生文集》卷十四。

# 第七章  王阳明及阳明后学

明代中后期，王阳明讲学，开创了阳明心学，成为对后世影响最大的学派之一。王阳明是明代心学的代表人物。他一生讲学宗旨几次发生变化，他的弟子也因根器利钝，入门早晚，性情取向不同，而对阳明学的理解吸收有不同的侧重。因此阳明后学也呈现出不同面貌。

王阳明（1472—1529），名守仁，幼名云，字伯安，浙江绍兴府余姚县人，因曾筑室于会稽山阳明洞，自号阳明子，学者称之为阳明先生。弘治十二年（1499）进士，历任刑部主事、贵州龙场驿丞、庐陵知县、右佥都御史、南赣巡抚、两广总督等职，晚年官至南京兵部尚书、都察院左都御史。因平定宸濠之乱而被封为新建伯，隆庆年间追赠新建侯。谥文成，故后人又称王文成公。

王阳明倡导心外无理，创"致良知"之说。其著作有《王文成公全书》。

阳明后学中王畿是王阳明的重要弟子。王畿（1498—1583），字汝中，号龙溪，绍兴府山阴人，学者称龙溪先生。师事王阳明，为王门七派中"浙中派"创始人。嘉靖二年（1523），闻王守仁回绍兴稽山书院讲学，返乡受业。后与钱德洪共同协助王阳明指导后学，当时有"教授师"之称，为王阳明最赏识弟子之一。嘉靖十一年，中进士，授南京兵部主事，进郎中。首辅夏言斥畿伪学，乃谢病归。来往江、浙、闽、越等地讲学40余年，所到之处，听者云集，年八十犹周游不倦。有《王龙溪先生全集》。

## 一、良知流行而言谓之气

阳明学说体系以良知为中心。而气和良知的关系是阳明所关注的问题。

阴阳二气学说为阳明心学所吸收，作为论证其修养方法和思维活动规律的依据。在阳明看来，心和气在本质上并无差别。

> 问仙家元气、元神、元精。先生曰："只是一件。流行为气，凝聚为精，妙用为神。"[1]
>
> 夫良知一也，以其妙用而言谓之神，以其流行而言谓之气，以其凝聚而言谓之精，安可以形象方所求哉？[2]

阳明以良知之妙用为神，良知之流行为气，良知之凝聚为精。如此，则精、气、神三者乃良知不同的表现形式。良知作为心之本体，其运动的性能为气。元气、元神、元精是同一的，归根结底只是良知的不同表现。元气是良知的流行，元精是良知的凝聚，元神是良知的妙用。元气、元精、元神都统一于良知。良知内在于人的心，所以元气、元精、元神也都是从人心中流行出来的。如此一来，自然界中运动流行的气，也就转化为人心良知的表现，成为人的元气精神。此即是以心气为一。这是解释了良知所具有的流行运动的特性，所以良知正是通过气，在万物中流行展现出来。

良知以气的方式运动流行，然而，这个流行过程并不是随意的。若是随意流行，良知就无法真实地表现出自身。流行过程中，最终的主宰就是良知、天理。良知即是天理。"良知是天理之昭明灵觉处，故良知即是天理。"[3]气是良知的流行，受良知的主宰，也就是受理的主宰。正如阳明所讲的"理者气之条理，气者理之运用，无条理则不能运用，无运用则亦无以见其所谓条理者矣"[4]。理，或者良知，自身是有条理规则的，然而这是在气的流行过程中所展现出来的。这同样体现在人身上。

> 无善无恶者理之静，有善有恶者气之动。不动于气，既无善无恶，

---

① 《传习录上》，《王阳明全集》卷一，第19页。

② 《传习录中》，《王阳明全集》卷二，第62页。

③ 同上书，第66页。

④ 同上书，第62页。

是谓至善。①

理是至善的，而气有善和恶两方面的可能性。坚持理静状态，就是无善无恶的至善状态。若是受气动的影响，人就处于有善有恶的状态。人只要回归于理，不受气动的影响，人就可以有至善的德性。在这里，阳明似乎又将气当作是和理相对、不受理支配的习气。

阳明的学说虽以良知为中心，但其仍然需要面对理气关系问题。而阳明将理气关系问题转化为良知和气的关系问题。阳明认为良知流行之谓气，是认为良知和气是一，并没有另外单独存在的气。

阳明将气的流行运动特性加在良知上，这一思维方式与阳明曾经深受道家影响是分不开的。

## 二、阴阳一气

按照传统的说法，元气有阴阳。这个阴阳是一，还是二，就成为后人讨论的重要问题之一。然而阳明认为阴阳不是二气，而是一气。

> 真阴之精，即真阳之气之母；真阳之气，即真阴之精之父；阴根阳，阳根阴，亦非有二也。苟吾良知之说明，则凡若此类皆可以不言而喻。②

阳根源于阴，阴根源于阳，阴阳本是一个，没有分别。

宋代以来，儒家学者都重视周敦颐的《太极图说》。其中"太极动而生阳，静而生阴"这句歧义较大。阳明对此也有解释：

> 周子"静极而动"之说，苟不善观，亦未免有病。盖其意从"太极动而生阳，静而生阴"说来。太极生生之理，妙用无息，而常体不易。太极之生生，即阴阳之生生。就其生生之中，指其妙用无息者而谓之动，谓之阳之生，非谓动而徒生阳也；就其生生之中，指其常体不易者而谓之静，谓之阴之生，非谓静而后生阴也；若果静而后生隆，动

---

① 《传习录上》，《王阳明全集》卷一，第29页。

② 《传习录中》，《王阳明全集》卷二，第62页。

而后生阳，则是阴阳动静，截然各自为一物矣。阴阳一气也，一气屈伸而为阴阳：动静一理也，一理隐显而为动、静。春夏可以为阳、为动，而未尝无阴与静也：秋冬可以为阴、为静，而未尝无阳与动也。春夏此不息，秋冬此不息，皆可谓之阳，谓之动也；春夏此常体，秋冬此常体，皆可谓之阴，谓之静也。自元会运世岁月日时，以至刻杪忽微，莫不皆然，所谓动静无端，阴阳无始，在知道者默而识之，非可以言语穷也。若只牵文泥句，比拟仿像，则所谓心从法华转，非是转法华矣。①

"太极动而生阳，静而生阴"一句极易被解释为太极动之后生阳，静之后生阴，这样就有了阴阳二分，阴阳各自为一物，是两个物了。但阳明不是这样理解的。阳明辩解认为，"太极动"指太极是妙用无息的，"静"指太极是常体不易的。这个阴阳是一体两面的，阴阳是一气，归根结底就是人的良知。

阳明讲阴阳，是为良知学说而讲的。阴阳动静，体现的是良知流行过程中的特性。阳明所说的良知，带上了气的特性。妙用无息，指良知流行的不停息，所以用阳动来称谓。常体不易，指良知本身并不会有改变，永远是一个，所以用阴静来称谓。

在阳明弟子龙溪那里对于良知和气之关系有了更多论述。

龙溪发扬了阳明心气为一说，视良知为造化之精灵。在《易与天地准一章大旨》中，开头讲到：

> 天地间一气而已。易者，日月之象，阴阳往来之体，随时变易，道存其中矣。其气之灵，谓之良知，虚明寂照，无前后内外，浑然一体者也。所以"准天地而弥纶之"者，必有本以出之，非徒法象相示而已也。易者，阴阳而已，幽明生死鬼神皆阴阳之变，天地之道也。知者，良知也。致良知，所谓"说"，所谓"情状"，可不言而喻矣。②

天地间充满了气，易作为阴阳二气的变易，道存于其中。此气即是良知，良知为气之灵者，即是易。《系辞》中"知幽明之故""知生死之

① 《传习录中》，《王阳明全集》卷二，第64页。

② 王畿：《易与天地准一章大旨》，《王畿集》卷八，第182页。

说""知鬼神之情况"中的"知",均是指良知。"易与天地准,故能弥纶天地之道。"气无处不在,连接天地万物为一体;良知无所不照,浑人我内外而为一。良知是气之灵者,乃阴阳变易之主宰,故人之良知能知阴阳变易之事。

龙溪论心气为一说之处颇多。如:

> 良知者,天地之灵气,原与万物同体。手足痿痹,则为不仁,灵气有所不贯也。①
>
> 良知者心之灵气,万物一体之根,遇亲自知孝,遇长自知悌,遇赤子入井自知怵惕,遇堂下之牛自知觳觫,肯綮低昂、感触神应,无非全吾一体之用。手足痿痹,则谓之不仁,灵气有所不贯也。②

以良知为气,不区分物质与精神、心理与物理的东西。精神上的不仁,也就是物质上的气不贯通,不关心别人也即生理上的麻木不仁。

那么龙溪又是如何解释太极的?

> 夫千古圣人之学,心学也。太极者,心之极也。有无相生,动静相承,自无极而太极,而阴阳五行,而万物,自无而向于有,所谓顺也;有万物而五行阴阳,而太极,而无极,自有归于无,所谓逆也。一顺一逆,造化生成之机也。③

龙溪以太极为心之极,也即以良知为太极。龙溪将"无极而太极"解释为"自无极而太极",是取陆象山之说。但其却认为无极并非虚无实体,太极也非形而下之物体。无极是指良知本体,无是无非,太极是指心以良知为极则。可见,太极已经不是和气范畴联系在一起的,太极和气均是心或良知的某一方面表现。太极更接近于理。

龙溪深受道教影响,以气贯通性命,而最终又归于良知。

---

① 王畿:《太平杜氏重修家谱序》,《王畿集》卷十三,第360页。

② 王畿:《赠宪伯太谷朱使君平寇序》,《王畿集》卷十三,第370页。

③ 王畿:《太极亭记》,《王畿集》卷十七,第481页。

坎离者，乾坤二用，二用无爻位，周流行于六虚，后天奉时，以复于先天也。坎者，阴中之阳，命宗也；离者，阳中之阴，性宗也。而其机不外于一念之微。寂感相仍，互为体用，性命合一之宗也，吾人可以观学矣！①

"坎离者，乾坤二用，二用无爻位，周流行于六虚"，出于《周易参同契》。此是指水火二气，往复运行。龙溪又取道教内丹学理论，以水火二气为性命之根源。命，水也；性，火也。②历代对性命的解释，都是将命归为气、形、身，将性归为神、心。龙溪承袭此说，但又以水火二气变化的关键归于人的一念之微，即良知。

## 三、万物一体，同此一气

万物一体论，是阳明学说中重要的组成部分。

朱本思问："人有虚灵，方有良知。若草木瓦石之类，亦有良知否？"先生曰："人的良知，就是草木瓦石的良知。若草木瓦石无人的良知，不可以为草木瓦石矣。岂唯草木瓦石为然，天地无人的良知亦不可为天地矣。盖天地万物与人原是一体，其发窍之最精处，是人心一点灵明。风、雨、露、雷、日、月、星、辰、禽、兽、草、木、山、川、土、石，与人原只一体。故五谷禽兽之类，皆可以养人，药石之类，皆可以疗疾。只为同此一气，故能相通耳。"③

这段话阐释了万物一体论。阳明重视良知，先讲了良知的地位，或者说是人在宇宙中的地位。"人心一点灵明"，指良知。阳明继承了儒家

① 王畿：《先天后天解义》，《王畿集》卷八，第181页。
② 如丘处机《大丹直指》："金丹之秘，在于一性一命而已。性者，天也，常潜于顶。命者，地也，常潜于脐。顶者，性根也。脐者，命蒂也。一根一蒂，天地之元也，祖也。……顶之性者，铅也，虎也，水也，金也，日也，意也，坎也，坤也，戊也，姹女也，玉关也。脐中之命者，汞也，龙也，火也，根也，月也，魄也，离也，乾也，己也，婴儿也，金台也。"
③ 《传习录下》，《王阳明全集》卷三，第107页。

"人者，天地之心也"这样一贯的认识，认为天地、万物、人说到底就只有一个心，一个良知。如果没有人，天地的存在就无多大意义，纯粹只是"块然者"。天地万物的意义就通过人心的一点灵明而显现出来。"同此一气，故能相通耳。"如此，良知以气的运动方式联通世界万物。

> 问："人心与物同体，如吾身原是血气流通的，所以谓之同体。若于人便异体了。禽兽草木益远矣，而何谓之同体？"先生曰："你只在感应之几上看，岂但禽兽草木，虽天地也与我同体的，鬼神也与我同体的。"请问。先生曰："你看这个天地中间，什么是天地的心？"对曰："尝闻人是天地的心。"曰："人又什么叫作心？"对曰："只是一个灵明。""可知充天塞地中间，只有这个灵明，人只为形体自间隔了。我的灵明，便是天地鬼神的主宰。天没有我的灵明，谁去仰他高？地没有我的灵明，谁去俯他深？鬼神没有我的灵明，谁去辨他吉凶灾祥？天地鬼神万物离却我的灵明，便没有天地鬼神万物了。我的灵明离却天地鬼神万物，亦没有我的灵明。如此，便是一气流通的，如何与他间隔得！"又问："天地鬼神万物，千古见在，何没了我的灵明，便俱无了？"曰："今看死的人，他这些精灵游散了，他的天地万物尚在何处？"[1]

阳明用了灵明一词，点明了良知在天地中的地位，良知是天地发窍最精处。这就是对"万物一体"第一层面的解释，"仁者以天地万物为一体"，心之良知与天地万物本是一体的。这里暗含价值论的意思。

此外，阳明对"万物一体"又从气的角度来解释。人和天地万物是同一气构成的，其差别只是通塞、正偏等程度上的差异。这个气是质料，但又非纯粹惰性的物质性质料，而是生生不已流行运动的气。日本学者上田弘毅也曾指出："这种万物一体的根据，就在于人与自然之物，完全由同一气所组成。像这样把气作为万物的根源，不只意味着气仅仅是物质性的根源，而且它还被认为是生生流转的世界的生命力。"[2]

---

① 《传习录下》，《王阳明全集》卷三，第124页。

② 小野泽精一、福永光司、山井涌编，李庆译，《气的思想：中国自然观与人的观念的发展》，上海人民出版社，2007年，第421—422页。

人与天地万物是连续的，而不是断裂的，并不因为人身体的隔绝而使得人与万物为二。人本身就镶嵌在大化流行的一气之中，人也是气流行运动中的一个环节。

## 四、养气调息功夫

孟子有养气之说，可知儒家并没有完全排斥养气修身。正如阳明曾讲的："大抵养德养生，只是一事。"[①] 养德是指儒家的道德修养，养气则是指道教养生实践。认定养德、养生是一回事，就是将儒道打通在一起。

元气是良知的流行，因此人的志气对元气有根本的指导制约作用。阳明曾言："志气所至，气亦至焉。"[②] 其实就是认定"志至气次"。这是阳明对于立志与养气之间关系的认识。

立志，是阳明学功夫论中重要的内容。"夫志，气之帅也，人之命也，木之根也，水之源也。源不浚则流息，根不植则木枯，命不续则人死，志不立则气昏，是以君子之学无时无处而不以立志为事。"[③]

元气是良知的流行。良知对于元气有指导制约作用，所以志是气的统帅。

> 夫恶念者，习气也；善念者，本性也。本性为习气所汩者，由于志之不立也。[④]

气的运动变化是受志制约的。气的流行，为善为恶，在于志的指导。为人能立志，以志统帅气，则气清明而为善；相反，人不立志，不以志统帅气，则气昏暗而为恶。志立气和，神气清明，良知湛然灵觉，便是圣人之境界。

---

① 《与陆元静·辛巳》，《王阳明全集》卷五，第187页。

② 《传习录上》，《王阳明全集》卷一，第22页。

③ 《示弟立志说》，《王阳明全集》卷七，第260页。

④ 《与克彰太叔》，《王阳明全集》卷二十六，第983页。

问志至气次。先生曰："'志之所至，气亦至焉'之谓，非极至次二之谓。持其志则养气在其中，无暴其气则亦持其志矣。孟子救告子之偏，故如此夹持说。"①

立志与养气是相辅相成的。立志，则养气就在其中。但从根本上而言，立志是养气的关键。

儒家所说的夜气一词，是《孟子》中所提出的，被后人与修养方法挂钩。《孟子·告子上》言："牿之反覆，则其夜气不足以存；夜气不足以存，则其违禽兽不远矣。"夜气是指夜间的清明之气，有助于人道德修养。为何夜气最为重要？阳明曾言：

> 人一日间，古今世界都经过一番，只是人不见耳。夜气清明时，无视无听，无思无作，淡然平怀，就是羲皇世界。平旦时，神清气朗，雍雍穆穆，就是尧、舜世界。日中以前，礼仪交会，气象秩然，就是三代世界。日中以后，神气渐昏，往来杂扰，就是春秋、战国世界。渐渐昏夜，万物寝息，景象寂寥，就是人消物尽世界。学者信得良知过，不为气所乱，便常做个羲皇已上人。②

人在一天中不同的时期状态是不同的。夜气清明时，淡然平怀，不受外界事物干扰，这是最好的修养状态。到清晨，神清气朗，这是次等状态。到了中午之前的上午，就仿佛进入秩序井然的世界，这就又次一等。下午时段，神气渐昏，受外界的各种干扰，混乱不堪，状态又下一等级。到了傍晚，人的神气已经消磨殆尽。故阳明认为，人如果能明白一切，不受外界干扰，就可以超脱倚靠夜气来修养的方法了。

> 良知在夜气发的，方是本体，以其无物欲之杂也。学者要使事物纷扰之时，常如夜气一般，就是通乎昼夜之道而知。③

---

① 《传习录上》，《王阳明全集》卷一，第22页。

② 《传习录下》，《王阳明全集》卷三，第115—116页。

③ 同上书，第106页。

良知的流行就是气，阳明认为夜间的清明之气——夜气就是良知的本然状态，即不受物欲干扰的状态。如果学者能时时刻刻都摆脱各类物欲的干扰，那就仿佛夜气常在，贯通日夜，不再需要到夜间得到夜气的滋养了。"孟子说'夜气'，亦只是为失其良心之人指出个良心萌动处，使他从此培养将去，今已知得良知明白，常用致知之功，即已不消说夜气。"① 孟子说夜气，也是给普通人留下一个修养途径。

> 夜气，是就常人说。学者能用功，则日间有事无事，皆是此气翕聚发生处。圣人则不消说夜气。②

阳明认为圣人因其能随时随处保持静养，不受外界干扰，故不需要再借助夜气来修养了。除了夜气滋养之外，阳明更重视自身的修为提升。阳明有《夜气说》一文：

> 天泽每过，辄与之论夜气之训，津津既有所兴起。至是告归，请益。复谓之曰："夜气之息，由于旦昼所养，苟梏亡之反复，则亦不足以存矣。今夫师友之相聚于兹也，切磋于道义而砥砺乎德业，渐而入焉，反而愧焉，虽有非僻之萌，其所滋也亦已罕矣。迨其离群索居，情可得肆而莫之警也，欲可得纵而莫之泥也，物交引焉，志交丧焉，虽有理义之萌，其所滋也亦罕矣。故曰：'苟得其养，无物不长；苟失其养，无物不消。'夫人亦孰无理义之心乎？然而不得其养者多矣，是以若是其寥寥也。天泽勉之！"③

在文中，阳明强调夜间夜气的滋养作用，但也不让人忽视日间的修养功夫。重视夜气，让人沉浸在夜间。但夜间孤寂，让人离群索居，最终会导致意怠志丧。要得到全方面的滋养，人的修养才能提升。

除了传统儒家盛行的修养功夫之外，阳明还有所创制，特别提出了"息"，以调息养气来修养的方法。而这一方法又被龙溪所发扬光大。

---

① 《传习录中》，《王阳明全集》卷二，第67页。

② 《传习录上》，《王阳明全集》卷一，第17—18页。

③ 《夜气说》，《王阳明全集》卷七，第264—265页。

阳明关注到了"向晦宴息"：

> 向晦宴息，此亦造化常理。夜来天地混沌，形色俱泯，人亦耳目无所睹闻，众窍俱翕，此即良知收敛凝一时。天地既开，庶物露生，人亦耳目有所睹闻，众窍俱辟，此即良知妙用发生时。可见人心与天地一体，故上下与天地同流。今人不会宴息，夜来不是昏睡，即是妄思魇寐。①

这还是顺着夜气继续讲。此处所讲的向晦宴息，阳明认为是造化常理，将其与良知联系在一起。阳明强调日间良知顺应无滞，则夜间良知也能收敛凝一。今人不会宴息，那么到底如何才是宴息，阳明则没有具体说明。这就留给龙溪来讲了。

龙溪重视息，而且更是进一步强调了养气功夫。龙溪对致良知与养生练气之关系做了如下说明：

> 盖吾儒致知，以神为主；养生家以气为主。戒慎恐惧，是存神功夫。神住则气自住，当下还虚，便是无为作用。以气为主，是从气机动处理会。气结神凝，神气含育，终是有为之法。②

龙溪以致良知为主神功夫，以养生为主气功夫。可见，龙溪仍是持有儒家立场，以道德修养为本，认为致良知是最根本的实践功夫。对于热衷于房中术之类的养生末流，龙溪有过严厉批评，以为是邪伪小术。而对于有理论根基的道家养生术，龙溪则是兼容并蓄的。

阳明提到宴息，但并未作进一步解释。龙溪则将其作为重要的一种修养功夫，加以展开。龙溪的修养功夫又深受道教影响，重视养气调息。这一功夫和气息调养联系在一起，故龙溪有《调息法》。

龙溪《调息法》全文如下：

> 息有四种相：一风，二喘，三气，四息。前三为不调相，后一为调相。

---

① 《传习录下》，《王阳明全集》卷三，第106页。

② 王畿：《三山丽泽录》，《王畿集》卷一，第12页。

坐时鼻息出入觉有声，是风相也。息虽无声，而出入结滞不通，是喘相也。息虽无声，亦无结滞，而出入不细，是气相也。坐时无声，不结不粗，出入绵绵，若存若亡，神资冲融，情抱悦豫，是息相也。守风则散，守喘则戾，守气则劳，守息则密。前为假息，后为真息。欲习静坐，以调息为入门，使心有所寄，神气相守，亦权法也。

　　调息与数息不同，数为有意，调为无意。委心虚无，不沉不乱，息调则心定，心定则息愈调。真息往来，而呼吸之机自能夺天地之造化，含煦停育，心息相依，是谓息息归根，命之蒂也。一念微明，常惺常寂，范围三教之宗，吾儒谓之"燕息"，佛氏谓之"反息"，老氏谓之"踵息"，造化阖辟之玄枢也。以此徵学，亦以此卫生，了此便是彻上彻下之道。①

　　"调息"，是指控制或调节呼吸，故调息法即呼吸法。看全文，前一段是解释调息四相并阐明相关的修行方法，后一段则是阐述调息法的意义。

　　龙溪认为此种调息法儒释道三教都有。儒家称为"燕息"，即《周易·随卦》象中"君子以向晦入宴息"。佛教中也有调息法，调息本就源自佛教。《调息法》前一段所说内容几乎都抄袭自《修习止观坐禅法要》《调和》第四中关于调息部分。智者大师列举了"善调之五事"，"调息"是其中之一。道教中则有"踵息"。《庄子·大宗师》中讲道："真人之息以踵，众人之息以喉。"单单从字面讲普通人用喉呼吸，得道之人则用踵来呼吸，则无法令人理解。《性命圭旨》释踵息时说："常人呼吸皆随咽喉而下，至中脘而回……至人呼吸则直贯明堂而上，至夹脊而流入命门，将以祖气相连"②，所以"踵者，真息深深之意"。普通人呼吸都随咽喉而下，至中脘而回，而得道之人呼吸贯通人整体，可以直达足根。可见踵息是指呼吸非常之深。

　　调息法是龙溪修养功夫中重要的方法。明万历二年（1574年），龙溪与其弟子张阳和、周继实等，曾经围绕养生术问题进行了一场讨论，同样对调息法做了说明。

　　龙溪指出今时之人都喜谈静坐，然而静坐之修行非常困难。静坐中

---

① 王畿：《调息法》，《王畿集》卷十五，第424页。

② 《性命圭旨》亨集《退藏沐浴功夫》。

人的意识不是陷于混乱昏沉，就是散乱难以集中。如果人为加以克制，就会陷入执定方所之病；如果无所为则又会陷入"顽空"。因此修行要有要领，就是要"无中生有"，有而不结滞，无而不空虚，这才是玄珠罔象、天然消息。又有弟子问道：我平时练习静坐，正患有昏沉和散乱这两种病，请老师讲解一下养生之术。对此，龙溪答道：人欲静坐，须从调息做起。调息与数息不同，数息有意，不离意识，调息则无意，摆脱意识。若能将息调至绵绵密密、若存若亡的境地，则呼吸中，心亦随之。息调则神自返，神返则息自定，心息相依，水火自交。此就是息息归根，是入门的初级阶段。①

心息相依，讲究的是自然，而不是有意识地去做，最终是要自然地实现心息相依。

龙溪对于宴息有了更为详尽的诠释。

> 君子观象而得息之意，人之息与天地同运。孟子曰："日夜所息。"息者，生生之机也。观之于夕，群动息矣，然后真机回复，而为朝；观之于晦，六阴息矣，然后真阳逆受，而为朔。藏不密者，用不张；蓄不极者，施不溥。天地万物且不能违，而况于人乎！颜子如愚，三月不违，三月一息也。日月而至，日月一息也。尧之允恭，舜之玄德，文之不显，孔之无知，群圣一息也。专而直，翕而辟，天地一息也。尺蠖之屈，龙蛇之藏，万物一息也。通古今于一息，万年一息也。竺氏谓之反息，庄生谓之六月息……息者，范围三教之宗也。息有二义，有止息，有生息。如冰之凝，而时释也；如虫之蛰，而时启也。此造化出入之机，圣人至诚无息之学，君子自强不息之功。善学者，于亥子之间求之，思过半矣。②

息字有休息之义，也有气息之义。本来，向晦宴息是指农业社会中的生活作息，与养气调息无关。而龙溪却在儒家文献中找到这个"息"，用以表明"息"是贯穿三教的。龙溪在文中也是常常混用息之义，讲述一种儒家的养气调息方法。这种养气调息法是以气为基础的，将人的身

---

① 王畿：《天柱山房会语》，《王畿集》卷五，第118页。

② 王畿：《大象义述》，《王畿集》附录一，第658页。

心和宇宙运动作为一体。

龙溪一再强调息的重要性。

> 息之一字，范围三教之宗。老氏谓之"谷神""玄牝"，其息深深。蒙庄氏谓之"六月息"。释氏谓之"反息还虚"。吾儒则谓之"向晦入宴息"。邵子谓之"复姤之机，天地之呼吸也"。是息先天地而生，后天地而存。人能明此一息，是谓天地氤氲，万物化生。一息通于今古，平旦之气有不足言者矣。[①]

息有两层意思：一是指调息之息，即人的呼吸；二是指作为万物根源的气。龙溪在大多数场合中说的息都指气。气一动一静，表现为息的运动。息是气的一出一入，也是天地之呼吸阴阳两气的一动一静。如此，人的呼吸与天地之呼吸互相呼应、互相关联。天地的阖辟造化和人的呼吸也是互相联动的。在此意义上，息是一切造化之本，通过调息可以御气，通过把握气的运动规律，可以获得天地大道的体验。

关于阳明的养生实践，流传过一些十分有意思的传闻。据说阳明在江西领兵的时候，曾经有过连续四十天未上床睡觉。王遵岩对此有所怀疑，向龙溪求教。而龙溪肯定了这一传闻，并做了解释。

> 遵岩子问："先师在军中四十日未尝睡，有诸？"先生曰："然。此原是圣学。古人有息无睡，故曰：'向晦入燕息。'世人终日扰扰，全赖后天渣滓厚味培养，方够一日之用。夜间全赖一觉熟睡，方能休息。不知此一觉熟睡，阳光尽为阴浊所陷，如死人一般。若知燕息之法，当向晦时，耳无闻，目无见，口无吐纳，鼻无呼吸，手足无动静，心无私累，一点元神，与先天清气相依相息，如炉中种火相似，比之后天昏气所养，奚啻什百。是谓通乎昼夜之道而知。"[②]

阳明所采取的是息而非睡，有息无睡。这也是一种养生术，即通过呼吸法锻炼，达到不由口鼻呼吸，而通过丹田呼吸，这样就可以取代睡

---

① 《答王龙溪书》，《聂豹集》卷十一，第383页。
② 王畿：《三山丽泽录》，《王畿集》卷一，第13页。

眠。阳明正是采用了这种方法，做到了持续四十天不睡。龙溪这番解释，是对阳明养气功夫的拓展。

龙溪对于养气调息的论述相对比较多，这反映了阳明学派中的一种思潮。这是源自阳明的思想实践。但是在当时的文化背景中，对于具有一定社会地位的儒家士大夫而言，这部分论述是不能轻易发表的。在其文集重新编辑出版时，有可能被视为异端、神迹的言论会被删除。在钱绪山编纂《阳明文集》时，便删除了那些被认为是奇迹奇论的言论。钱绪山又另外编写了一本《言行逸稿》，但最终藏而未行。未知这些奇迹奇论是什么，但现存的《阳明文集》中涉及养气调息的论述相对较少。龙溪全集的文献编纂中也存在类似的情况，但因为相对原始的《龙溪会语》仍保留至今，从中可以见到更对关于养生等方面的论述。

# 第八章　罗钦顺

罗钦顺（1465—1547），字允升，号整庵，江西泰和人。弘治六年（1493）进士科探花，授编修，迁南京国子监司业。后得罪激怒刘瑾，被夺职为民。刘瑾死后，复官，官至南京吏部尚书。后辞官，隐居乡里专心研究理学。罗钦顺为当时大儒，在明中期足以和王阳明分庭抗礼，时称"江右大儒"。嘉靖二十六年（1547）卒于家，年八十三，赠太子太保，谥文庄。

其著作有《困知记》《整庵存稿》《整庵续稿》。

整庵对待程朱理学"审求其是，补其微罅，救其小偏，一其未一"①，他穷究程朱理学之归趣，潜心钻研理气心性之学，并用人之"心""性"即自然之"气""理"作为统一其自然界之理气观与人生界之心性观的逻辑前提。

## 一、就气认理

理气关系是理学中的重要问题。整庵曾言："吾夫子赞《易》，千言万语只是发明此理，始终未尝及气字，非遗之也，理即气之理也……拙《记》尝再续，于'就气认理'之说又颇有所发明。"②可见整庵对理气关系有自己独到的见解，而且十分自信，自认自己的观点是颇有创建的。就气认理，即是整庵思想中最核心、最有创新的观点。

---

① 罗钦顺：《答陈侍御国祥》，《困知记》附录，第132页。

② 罗钦顺：《答林正郎贞孚》，《困知记》附录，第142页。

这一对于理气关系的看法，是基于整庵以气为唯一本原的认识。

> 自夫子赞《易》，始以穷理为言。理果何物也哉？盖通天地，亘古今，无非一气而已。气本一也，而一动一静，一往一来，一阖一辟，一升一降，循环无已。积微而着，由着复微，为四时之温凉寒暑，为万物之生长收藏，为斯民之日用彝伦，为人事之成败得失。千条万绪，纷纭胶轇而卒不可乱，有莫知其所以然而然，是即所谓理也。初非别有一物，依于气而立，附于气以行也。①

宇宙中充满了气，气无时无处不有，即在空间和时间上都是无限的。气有动静、往来、阖辟、升降等各种运动形态，循环不已。气的变化由微而显，由显而微。气可以表现为四时的变化，万物生长收藏，人们的日用规范，人事的成败得失。气化的过程有规律，其规律就是理。故理并不于气之外别为一物，故不能说理依于气而立，理附于气以行。显然，整庵指出气为宇宙本原，而且是唯一的本原。

气是构成事物的基本材质。

> 《正蒙》云：聚亦吾体，散亦吾体。知死之不亡者，可与言性矣。又云：游气纷扰，合而成质者，生人物之万殊。其阴阳两端，循环不已者，立天地之大义。夫人物则有生有死，天地则万古如一。气聚而生，形而为有，有此物即有此理。气散而死，终归于无，无此物即无此理，安得所谓"死而不亡者"邪？若夫天地之运，万古如一，又何死生存亡之有？譬之一树，人物乃其花叶，天地其根干也。花谢叶枯，则脱落而飘零矣，其根干之生意固自若也，而飘零者复何交涉？谓之不亡，可乎？②

万物的本质无非是气，气构成生物之质，即生物一定具有气质材料。没有气质材料的物是不存在的。气生成质，即是生成万物的基本材质。

整庵认为气又为万物的生存提供动力。

---

① 罗钦顺：《困知记》卷上，第4—5页。

② 罗钦顺：《困知记》卷下，第30页。

《正蒙》有云：阴阳之气，循环迭至，聚散相荡，升降相求，絪缊相揉。盖相兼相制，欲一之而不能。此其所以屈伸无方，运行不息，莫或使之。不曰性命之理，谓之何哉！此段议论最精，与所谓太虚、气化者有间矣。[①]

他认为实体之气乃是生存的终极性基础，而且为万物的生生不息提供动力。

整庵以气为本的观点以"气本一""无非一气"的说法不断出现。在整庵的认识中，气的地位比理更高。对于理，整庵则着力论证理本就不是气外"别有一物"，即理与气是一物。当然这一观点是有所本的，程明道"器亦道，道亦器"就是源头。

其认理气为一物，盖有得乎明道先生之言，非臆决也。明道尝曰："形而上为道，形而下为器，须着如此说。器亦道，道亦器。"又曰："阴阳亦形而下者，而曰道者，唯此语截得上下最分明。原来只此是道，要在人默而识之也。"窃详其意，盖以上天之载无声无臭，不说个形而上下，则此理无自而明，非溺于空虚，即胶于形器，故曰"须着如此说"。名虽有道器之别，然实非二物，故曰"器亦道，道亦器"也。至于"原来只此是道"一语，则理气浑然，更无隙缝，虽欲二之，自不容于二之，正欲学者就形而下者之中，悟形而上者之妙，二之则不是也。[②]

整庵认为明道并非将道器分裂为二，而是指出形而上和形而下的区别。理气之间是不存在任何隙缝的，即说明理气是一体的，理气是合一的。

但整庵引用明道的两段话，其含义有须辨明处。《系辞》所言"形而上"是指气而言，气乃宇宙本根。但明道则变更其意，将气作为形而下者，理是形而上者。明道提出"器亦道，道亦器"，用以防止人们将道错认为绝对虚无，或者误解为具体存有。这尤其是针对佛道二教之说。佛教之空是绝对虚无，而道家之无是含有之无。明道这一层意思在朱子那里有了更好的说明。朱子特意用无极和太极来界定道："然殊不知不言无极，

①　罗钦顺：《困知记》卷下，第31页。

②　罗钦顺：《答林次崖金宪》，《困知记》附录，第156页。

则太极同于一物，而不足为万化之根；不言太极，则无极沦于空寂，而不能为万化之根。"①宇宙本原不能等同于具体的事物，道是无，故用无极来描述；但对于宇宙本原又不可错认为是绝对的空无，故又须用太极来界定。

其实，明道所讲"器亦道，道亦器"不是等同于道即器、器即道，更非道即气、气即道。道存在于器之中，天地万物是道的显现，道和器之间是本根和现象的关系。"离了阴阳更无道，所以阴阳者是道也。阴阳，气也。气是形而下者，道是形而上者。"②故在明道那里，理和气其实是二物。理是形而上者，气是形而下者，理气二者界限非常清晰。整庵所说的"理气浑然，更无隙缝"，进而认为理气为一物，明显是错误解读。而整庵就是在误读明道观点的基础上，形成其理气合一说。当时学者林次崖就批评整庵这是"错看"。但整庵对此仍极为自负，认为"明道复起，亦必有取于斯言"③。

整庵认为理非气外的别一物，这是将理作为气存在、运行所表现出的属性。

> 理只是气之理，当于气之转折处观之。往而来，来而往，便是转折处也。夫往而不能不来，来而不能不往，有莫知其所以然而然，若有一物主宰乎其间而使之然者，此理之所以名也。"易有太极"，此之谓也。若于转折处看得分明，自然头头皆合。程子尝言："天地间只有一个感应而已，更有甚事？"夫往者感，则来者应；来者感，则往者应。一感一应，循环无已，理无往而不存焉，在天在人一也。天道唯是至公，故感应有常而不忒。人情不能无私欲之累，故感应易忒而靡常。夫感应者，气也。如是而感则如是而应，有不容以毫发差者，理也。适当其可则吉，反而去之则凶，或过焉，或不及焉，则悔且吝，故理无往而不定也。然此多是就感通处说，须知此心虽寂然不动，其

---

① 朱熹：《答陆子美》，《晦庵先生朱文公文集》卷三十六，载《朱子全书》第21册，上海古籍出版社、安徽教育出版社，2002年，第1560页。

② 《河南程氏遗书》卷十五，《二程集》，第162页。

③ 罗钦顺：《答林次崖第二书》，《困知记》附录，第158页。

冲和之气自为感应者，未始有一息之停，故所谓"亭亭当当，直上直下之正理"，自不容有须臾之间。此则天之所命，而人物之所以为性者也。愚故尝曰："理须就气上认取，然认气为理便不是。"此言殆不可易哉！①

理只是气之理，理依赖于气，理乃气流行的转折处。此"转折"指的是气的往来运转，而这种往来运转是必然的。此必然性，是出于自然，即气之理。理只是气之理，所以理须就气上认取。整庵所谓的理气为一物，是以理为气的属性。无气，也就自然无理了。故整庵说："尝窃以为，气之聚便是聚之理，气之散便是散之理，唯其有聚有散，是乃所谓理也。"②整庵的理气为一物，最终是将理气合一在气上。

为进一步明确观点，整庵提出需要加以辨明的两种说法。整庵曾言：

> 理须就气上认取，然认气为理便不是。此处间不容发，最为难言，要在人善观而默识之。"只就气认理"与"认气为理"，两言明有分别，若于此看不透，多说亦无用也。③

就理气关系而言，整庵认为应就气上认理，即以理为气之条理。气之条理是属于性质方面的。性质是实体的性质，性质并非实体，性质和实体也不能分先后，二者是同一事物的两方面。故不能认气为理，也不能离气认理。理气二者关系难明，极易搞混而出现偏差。

就气认理和认气为理，两种说法极为相近。整庵所认可的是就气认理的说法，而明确批驳了认气为理这一观点。就气认理，是以气作为首要范畴，有气方有理，理只是气之理。而认气为理，即完全将气和理等同起来，这便混淆了实体和属性，而忽视了两者间的差异，可能陷入理气二元本体论。这是整庵所不能认同的。

明代前期大儒薛敬轩也曾在《读书录》中提出过"理气无缝隙，故曰器亦道，道亦器"。整庵认为此言当矣。但同时整庵又认为薛敬轩所说

---

① 罗钦顺：《困知记》续卷上，第68页。

② 罗钦顺：《困知记》卷下，第38页。

③ 同上书，第32页。

有众多矛盾之处。薛敬轩一方面讲理气无缝隙，但另一方面又反复证明"气有聚散，理无聚散"。一有聚散，一无聚散，如此则理气间实际上有了如此之大的缝隙。这根源还在于薛敬轩实际还是将理气看成二物。

进一步，整庵又批评了历史上众多认理气为二物的先儒，周敦颐、朱熹、张载都是认理气为二物的著名代表。对于周敦颐、朱熹，整庵批评道：

> 周子《太极图说》篇首无极二字，如朱子之所解释，可无疑矣。至于"无极之真，二五之精，妙合而凝"三语，愚则不能无疑。凡物必两而后可以言合，太极与阴阳果二物乎？其为物也果二，则方其未合之先各安在邪？朱子终身认理气为二物，其源盖出于此。愚也积数十年潜玩之功，至今未敢以为然也。尝考朱子之言有云"气强理弱"，"理管摄他不得"。若然，则所谓太极者，又安能为造化之枢纽，品物之根柢邪？惜乎，当时未有以此说叩之者。姑记于此，以俟后世之朱子云。①

周敦颐将太极与阴阳一分为二，朱子继承其说而提出理先气后。整庵虽十分崇敬朱子，但对于这种理气二物的观点是反对的。朱子曾言"理只是泊在气上"，对此整庵批评说："理果是何形状，而可以堕，以泊言之乎？"② 以泊来描述理之特性，即以理为用空间重量之具体事物。整庵认为朱子这一错误观点来自其"平日将理气作二物看，所以不觉说出此等话来"③。

朱子又有气强理弱之说，对此，整庵也同样提出了批评。整庵言：

> 尝考朱子之言有云，"气强理弱""理管摄他不得"。若然，则所谓太极者，又安能为造化之枢纽，品物之根柢耶？惜乎！当时未有以此说叩之者。姑记于此，以俟后世之朱子云。④

---

① 罗钦顺：《困知记》卷下，第29页。

② 罗钦顺：《答林次崖第二书》，《困知记》附录，第159页。

③ 同上书。

④ 罗钦顺：《困知记》卷下，第38页。

整庵认为若如朱子所说气强理弱，则否定了理具有枢纽、根柢的地位。但此是整庵对朱子之说的误解。朱子所言之理并非能安排、管辖事物，并非能动地、积极地生物造物，而是作为所以然者，让气在其范围内活动。朱子对理的解释，强调了理作为形而上的主宰者，是至极、根据，而非形而下意义上的生成者与造物者。因此，朱子的理并非有别于气而在的实体。

而张载在整庵看来同样也有将理气看作二物的倾向：

> 张子《正蒙》"由太虚有天之名"数语，亦是将理气看作二物，其求之不为不深，但语涉牵合，殆非性命自然之理也。[①]

张载讲："由太虚，有天之名；由气化，有道之名；合虚与气，有性之名；合性与知觉，有心之名。"[②]太虚是气存在的本然状态，太虚表明气的本根地位。气化是指宇宙的生成，阴阳二气化生万物，内在各有其理。张载是在讲气的不同方面，而整庵却批评这一表述是认理气为二物，可见整庵对于张载之说并未完全理解，存在着错读错解。

## 二、言理实为言气

整庵乃"朱学后劲"，故其不得不延续朱子使用理来言说的思想，如理一分殊、性即理等。然整庵虽是言理，实则言气，理一分殊在整庵这里实为气一分殊，性即理实为性即气。

理一分殊是理学中重要的思想。整庵基于就气认理的观点，对理一分殊作了新的阐发。

从根本上而言，整庵以理一分殊进一步突出气为天地万物本原。

> 仆从来认理气为一物，故欲以"理一分殊"一言蔽之。执事谓："于理气二字，未见落着。"重烦开示，谓："理一分殊，理与气皆有之。

① 罗钦顺：《困知记》卷下，第30页。

② 张载：《正蒙·太和》，《张载集》，中华书局，1978年，第9页。

以理言，则太极，理一也，健顺五常，其分殊也。以气言，则混元一气，理一也；五行万物，其分殊也。"究观高论，固是分明，但于本末精粗，殊未睹浑融之妙，其流之弊，将或失之支离。且天地间亦恐不容有两个理一，太极固无对也……合此数说观之，切恐理气终难作二物看。据《大传》数语，只消说一个理一分殊，亦未为不尽也。①

林次崖言理有理一分殊，气也有理一分殊，如此则显然有两个理一了。故整庵批评林次崖之论"未睹浑融之妙"。其实根本上是林次崖未明白整庵的理一分殊实际上是统理入气，所谓理一分殊即是气一分殊。"杨方震《复余子积书》有云：'若论一，则不徒理一，而气亦一也。若论万，则不徒气万，而理亦万也。'此言甚当，但'亦'字稍觉未安。"②整庵认为杨廉所论理气关系基本妥当，只是"亦"字是多余。因理气本一，所以气一则理一。添加"亦"则有认理气为二物之嫌。

故整庵所讲的理一分殊，与二程、朱子所讲有所不同。二程、朱子讲理一分殊，理是最高的范畴，气只是质料而已。而在整庵所讲的理一分殊中，气才是最高范畴，即使在不少场合只是讲理而未讲气，但此理也只是气之理，是属性。

理是气，故知理便和气相关。基于此，存理自然便是养气。整庵言：

孟子之学，亦自明而诚，知言养气是也。自明而诚者，未必便造其极，理须善养……程子尝言"学者须先识仁"一段说话，皆与孟子相合，但以存字该养字尔。吾儒之学，舍此更无是处。然异学亦有假之以文其说者，不可不明辨之。③

孟子以"勿忘勿助长"为养气之法，气与性一物，但有形而上下之分尔，养性即养气，养气即养性，顾所从言之不同，然更无别法。④

存理、养性与养气就是同一的。

---

① 罗钦顺：《与林次崖金宪》，《困知记》附录，第151—152页。

② 罗钦顺：《困知记》卷下，第43页。

③ 罗钦顺：《困知记》续卷下，第88页。

④ 罗钦顺：《困知记》卷上，第10页。

同样，对于性即理的命题，整庵同样也作了新阐释。

性是理学中与理、气、心互相发明的范畴。心性论也是整庵一生用力最勤所在。"拙《记》累千万言，紧要是发明心性二字，盖勤一生穷究之力，而成于晚年者也。"①

在心性论上，整庵对二程、朱子和张载有所继承，也有批评。

朱子尝言："伊川'性即理也'一语，便是千万世说性之根基。"愚初发愤时，常将此语体认，认来认去，有处通，有处不通。如此累年，竟不能归一，却疑伊川此语有所未尽，朱子亦恐说得太过，难为必信也。遂姑置之，乃将理气二字参互体认，认来认去，一般有处通，有处不通。如此又累年，亦竟不能归一，心中甚不快，以谓识见有限，终恐无能上达也。意欲已之，忽记起"虽愚必明"之言，又不能已，乃复从事于伊川之语，反覆不置。一旦于理一分殊四字有个悟处，反而验之身心，推而验之人人，又验之阴阳五行，又验之鸟兽草木，头头皆合。于是始涣然自信，而知二君子之言，断乎不我欺也。愚言及此，非以自多，盖尝屡见吾党所著书，有以"性即理"为不然者，只为理字难明，往往为气字之所妨碍，才见得不合，便以先儒言说为不足信，殊不知功夫到后，虽欲添一个字，自是添不得也。②

整庵曾决意去求解伊川所讲"性即理"中深意，但费了几年功夫也未有结果，心中反而生出不少疑问。于是放下对这一问题的思考，转而专研理气问题，有所领悟。又过了好多年终于从理一分殊中领悟到理气问题真谛，也清楚明白了伊川的性即理之说了。整庵对于伊川性即理的认同是在多年参互体认之后，最终，整庵其为"千万世说性之根基"。伊川所说的性即理，不等同于性即理、理即性，而是指性为理之呈现。

在伊川那里，性即理立足于理本论基础之上，理是气之主宰，气只是质料。伊川将性和才做了区分。"性出于天，才出于气，气清则才清，气浊则才浊……才则有善与不善，性则无不善。"③才"出于气"，非极

① 罗钦顺：《答萧一诚秀才书》，《困知记》附录，第163页。

② 罗钦顺：《困知记》续卷上，第67页。

③ 《河南程氏遗书》卷十九，《二程集》，第252页。

本穷原之性，因而有善有不善。而在整庵那里，则是不一样的。"若吾儒所见，则凡赋形于两间者，同一阴阳之气以成形，同一阴阳之理以为性，有知无知，无非出于一本。"即是说性是气之彰显。"气与性一物，但有形而上下之分尔。"① 可见，整庵经过多年所参悟出的性即理之说，实际的内核已被改变。以旧瓶装新酒，这是整庵所作出的新的创制。

性即理，在整庵这里其实已经变成了性即气。

宋明理学发展中形成了将性分为"天命之性"和"气质之性"的说法。对此，整庵认为是无须如此区分的，只用理一分殊即可解释清楚。

> 窃以性命之妙，无出理一分殊四字，简而尽，约而无所不通，初不假于牵合安排，自确乎其不可易也。盖人物之生，受气之初，其理唯一，成形之后，其分则殊。其分之殊，莫非自然之理，其理之一，常在分殊之中。此所以为性命之妙也。语其一，故人皆可以为尧舜，语其殊，故上智与下愚不移。圣人复起，其必有取于吾言矣。②
> 盖受气之初，犬牛与人，其性未尝不一，成形之后，犬牛与人，其性自是不同。③

受气之初，是理一，万物皆禀赋同一之气，此时犬牛和人的性尚未显示出差异。成形之后，是分殊，差异显现，犬牛自有犬牛之性，人自有人性。用理一分殊来解释，自然就无须天命之性、气质之性两种不同称谓。整庵认为理气为一，可就气上认理，天命为理，气质为气，理是气的条理，理不离气而独立存在，故天命之性和气质之性也只是一，这是自然的推论。

然而还需要论证的就是恶的来源。

> 程伯子论"生之谓性"一章，反复推明，无非理一分殊之义。朱子为学者条析，虽词有详略，而大旨不殊。然似乎小有未合，请试陈之。夫谓"人生气禀，理有善恶"，以其分之殊者言也。"然不是性中

---

① 罗钦顺：《困知记》卷上，第10页。

② 同上书，第7页。

③ 同上书，第21页。

元有此两物相对而生"，以其理之一者言也。谓"人生而静以上不容说"，盖人生而静，即未发之中，一性之真，湛然而已，更着言语形容不得，故曰"不可说"。"继之者善"，即所谓"感于物而动"也，动则万殊，刚柔善恶于是乎始分矣。然其分虽殊，莫非自然之理，故曰"恶亦不可不谓之性"。既以刚柔善恶名性，则非复其本体之精纯矣，故曰"才说性时，便已不是性"。[1]

整庵从已发、未发来解释善恶的起源。理是未发，是善的。感物而动，即是已发，是恶的。善之性是源自理，即本体之精纯。而恶之性是指生之后，已不是本体之精纯了。整庵特别赞赏南宋时期延平先生李侗的观点："动静真伪善恶皆对而言之，是世之所谓动静真伪善恶也，非性之所谓动静真伪善恶也。唯求静于未始有动之先，而性之静可见矣。求真于未始有伪之先，而性之真可见矣。求善于未始有恶之先，而性之善可见矣。"[2] 本然之性是静、真、善的，而后天之性因感于物而动就产生了恶。

整庵从气一元论出发，导出性一元论。受气之初是理一，是性善；成形之后是分殊，是有善有恶。此说不同于程朱、张载之说，自成一家。但其论述前后不一，多有抵牾。黄南雷曾指出过整庵之说中矛盾处：

第先生之论心性，颇与其论理气自相矛盾。夫在天为气者，在人为心，在天为理者，在人为性。理气如是，则心性亦如是，决无异也。人受天之气以生，只有一心而已，而一动一静，喜怒哀乐，循环无已。当恻隐处自恻隐，当羞恶处自羞恶，当恭敬处自恭敬，当是非处自是非，千头万绪，感应纷纭，历然不能昧者，是即所谓性也。初非别有一物，立于心之先，附于心之中也。先生以为天性正于受生之初，明觉发于既生之后，明觉是心而非性。信如斯言，则性体也，心用也；性是人生以上，静也，心是感物而动，动也；性是天地万物之理，公也，心是一己所有，私也。明明先立一性以为此心之主，与理能生气之说无异，于先生理气之论，无乃大悖乎？岂理气是理气，心性是心性，二者分，

---

[1] 罗钦顺：《困知记》卷上，第20页。

[2] 同上书，第22页。

天人遂不可相通乎？虽然，心性之难明，不自先生始也。①

既然整庵主张理气合一，则应推导出心性一元。但整庵却认为心性不能混而为一，性是体，心是用，性之体常静，心之用常动，性是形而上者，心是形而下者；只有这样剖分心、性为二物，才能看到性、心一静一动，一体一用的本质区别。黄南雷对这一自相矛盾的批评是很有见地的。

整庵之说何以会出现这种内在矛盾？大体整庵以程朱理学派自居，捍卫程朱理学正统地位，排斥佛教禅宗和陆王心学之非。心即性是陆王心学的观点之一，正是整庵批判反驳的。程朱理学主张"性"为本"心"为末，"性"为体"心"为用的心性观，并有"心""性"二元论倾向。整庵对程朱理学是"接着讲"，他对程朱的批评也是基于景仰之上。整庵虽对程朱理学做了一些批评、修正和改造的工作，但对其心性观大体全盘继承，因而整庵学说中也就有了矛盾之处。

———

① 黄宗羲：《明儒学案》卷四十七，第1107页。

# 第九章　王廷相

王廷相（1474—1544），字子衡，号浚川，时人称王浚川、浚川先生、浚川公，明朝开封府仪封县（今河南省兰考县仪封乡）人。王廷相是明代中期重要的思想哲学家，官至督察院左都御史。他廉洁奉公、学识渊博、倡习唐诗，诗文有很高的成就，被称为"明代前七子"之一。他的著作主要收集在《王氏家藏集》中。

浚川所处的明代中期，程朱理学和阳明心学盛行，其弊端也渐渐显现，空谈心性，脱离实际。浚川之学，基于对程朱理学和阳明心学弊端的批判，倡导为有用之学，以成内圣外王之业。浚川上承张载之气本论，确立气学思想体系，成为明朝中期重要的气学代表学者。其气学思想虽不及阳明心学这般形成广泛的学术影响和社会思潮，但也在中国思想发展史上，特别是对明末清初的思想留下重要影响。

## 一、论元气道体

浚川之说起于探究世界万物创生化育之本原。浚川论道体：

> 道体不可言无，生有有无。天地未判，元气混涵，清虚无间，造化之元机也。有虚即有气，虚不离气，气不离虚，无所始，无所终之妙也。不可知其所至，故曰太极，不可以为象，故曰太虚，非曰阴阳之外有极有虚也。二气感化，群象显设，天地万物所由以生也，非实体乎？是故即其象，可称曰有，及其化，可称曰无，而造化之元机，实未曾泯。故曰道体不可言无，生有有无。[1]

---

[1]　王廷相：《道体篇》，《慎言》卷之一，《王廷相集》第751页。

浚川将太极、元气、太虚合而为一，是针对道体从不同角度进行言说，上述三者名异实同。此道体既非道家所讲之道，亦非理学家所讲之理。天地未判，万物未生之前，唯有元气。元气在未成形生成具体事物之前的本然状态就是太虚，但太虚非绝对虚无。元气无有边际，不知其所至，称为太极。

因而浚川提出将气确立为世界万物的本原。

> 气者造化之本，有浑浑者，有生生者，皆道之体也。生则有灭，故有始有终；浑然者充塞宇宙，无迹无执，不见其始，安知其终？世儒止知气化而不知气本，皆于道远。[①]

气有两种形态，一是无迹不可凭感官感知的浑然状态，二是化生状态。此二者皆是道所托载的实体。一般儒者仅仅以气化看待气，而不知气化源自气的本然状态，故往往误将道、理作为造化根源。

对于本然状态之气，浚川称之为元气。

> 元气者，天地万物之宗统。有元气则有生，有生则道显。故气也者，道之体也；道也者，气之具也。以道能生气者，虚实颠越，老、庄之谬谈也。儒者袭其故智而不察，非昏罔则固蔽，乌足以识道！[②]

在此处，浚川更明确指出元气才是世界万物的本原，而道则是在元气化生之后显现，是气的具体展现。故浚川不赞同道家将道作为万物的本原，也不赞同理学家将理作为万物本原。在浚川看来，道家和理学家的说法其实是一样的。

> 老、庄谓道生天地，宋儒谓天地之先只有此理，此乃改立面目耳，与老、庄之旨何殊？愚谓天地未生，只有元气，元气具，则造化人物之道理即此而在，故元气之上无物、无道、无理。[③]

---

① 王廷相：《道体篇》，《慎言》卷之一，《王廷相集》，第755页。

② 王廷相：《五行篇》，《慎言》卷之十，《王廷相集》，第809页。

③ 王廷相：《雅述》上篇，《王廷相集》，第841页。

浚川一再强调气是世界之元，在气之上不存在任何物、道、理等主宰。这是浚川一贯坚持的。

如浚川曾批评《列子》中有抵牾不通之处。

> 列子曰："太易者，未见气也；太初者，气之始也；太始者，形之始也；太素者，质之始也。"此语甚有病，非知道者之见。天地未形，唯有太空，空即太虚，冲然元气。气不离虚，虚不离气，天地日月万形之种，皆备借于内，一氤氲萌孽而万有成质矣。是气也者乃太虚固有之物，无所有而来，无所从而去者。今曰"未见气"，是太虚有无气之时矣。又曰"气之始"，是气后有所自出矣，其然，岂其然乎？元气之上无物，不可知其所自，故曰太极；不可以象名状，故曰太虚耳。①

《列子·天瑞》在讲太易时，说此时尚未见气，即在气之前尚另有一物；到太初时，气才开始出现。这是浚川所不能认同的。他分析道，气不离虚，虚不离气，气是太虚固有的，气自身不存在产生和消亡。太虚就是气的本然状态。

> 虚者气之本，故虚空即气；质者气之成，故天地万物有生。生者，"精气为物"，聚也；死者，游魂为变，归也。归者，返其本之谓也。返本，复入虚空矣。②

万物由虚而无形的元气产生，万物消散，气又返回太虚，返回本原。又有：

> 两仪未判，太虚固气也；天地既生，中虚亦气也，是天地万物不越乎气机聚散而已。是故太虚无形，气之本体清通而不可为象也；太和氤氲，万物化醇，生生而不容以息也，其性命之本原乎！③

---

① 王廷相：《雅述》上篇，《王廷相集》，第849页。

② 王廷相：《五行篇》，《慎言》卷之十，《王廷相集》，第808页。

③ 王廷相：《乾运篇》，《慎言》卷之二，《王廷相集》，第758页。

浚川所谓之元气，是"混沌未判之气"。气虽然是无形不可名状的，但确是实实在在的存有，不能视为空寂虚无。曾有学者误解浚川的思想，如其友何栢斋就断言："浚川此论，出于横渠，要其归，则与老氏无而生有者无异也。"对此，浚川解释道：

> 愚谓道体本有本实，以元气而言也。元气之上无物，故曰太极，言推究于至极，不可得而知，故论道体必以元气为始。故曰有虚即有气，虚不离气，气不离虚，无所始无所终之妙也。气为造化之宗枢，安得不谓之有？执事曰："释老谓自无而有，诚非矣"；又谓余论"出于横渠，要其归，则与老氏合"。横渠之论，与愚见同否，且未暇辩。但老氏之所谓虚，其旨本虚无也，非愚以元气为道之本体者，此不可以同论也，望再思之。[①]

浚川以元气言道体，认为道体本身就是实际存有的。元气之上再无其他之物，所以称之为太极。虚即有气，虚和气不相离。而老子所谓虚，是指虚无，和浚川以元气为本体之说，完全不同。

进而浚川又批评了老子将万物之源归于无的观点。

> 老氏谓"万物生于有"，谓形气相禅者；"有生于无"，谓形气之始本无也。愚则以为万有皆具于元气之始，故曰"儒之道本实，本有；无'无'也，无'空'也"。[②]

浚川用元气解释道，不同于老子"有生于无"之说，浚川将万物之源建立在实有的基础之上。

又，浚川坚持气是守恒的。气能生生化育，但生灭只是气的聚散循环，而不会导致气的断灭。"气至而滋息，伸乎合一之妙也；气返而游散，归乎太虚之体也。故气有聚散，无灭息。"[③]浚川此说仍是延续前人论气之思维模式。他又用具体物质的循环转化来说明气是守恒的："雨水之始，

---

① 王廷相：《答何栢斋造化论十四首》，《内台集》卷之四，《王廷相集》，第964页。

② 同上书，第971页。

③ 王廷相：《道体篇》，《慎言》卷之一，《王廷相集》，第753页。

气化也；得火之炎，复蒸而为气。草木之生，气结也；得火之灼，复化而为烟，以形观之，若有有无分矣，而气之出入于太虚者，初未尝减也。譬冰之于海矣，寒而为冰，聚也；融澌而为水，散也。其聚其散，冰固有有无也，而海之水无损焉。"①这样的论证，是将物质的空气和哲学理念范畴的气混同，这是中国古代学者惯有的认识。

## 二、论气种

浚川以元气为道体，气之上不复有更高层次的本体。然而浚川势必要面对一个问题：人与天地万物都是一气，那么如何会产生如此千差万别的万物？

于此问题，浚川提出了新观点：气种论。

> 愚尝谓天地、水火，万物皆从元气而化，盖由元气本体具有此种，故能化出天地、水火、万物。②

水有水之种，火有火之种，人有人之种，万物都有万物之种，但这些都是气原本就具有的。

> 有太虚之气，则有阴阳，有阴阳，则万物之种一本皆具。随气之美恶大小而受化，虽天之所得亦然也。阴阳之精，一化而为水火，再化而为土，万物莫不藉之以生，而其种则本于元气之固有，非水火土所得而专也。③
> 天地未形，唯有太空，空即太虚，冲然元气。气不离虚，虚不离气，天地日月形之种，皆备于内，一气氤氲萌蘖而万有成质矣。④

在浚川看来，万物之种都是一本皆具，都存在于太虚元气之中。在

---

① 王廷相：《道体篇》，《慎言》卷之一，《王廷相集》，第753页。
② 王廷相：《答何柏斋造化论十四首》，《内台集》卷之四，《王廷相集》，第974页。
③ 王廷相：《道体篇》，《慎言》卷之一，《王廷相集》，第754—755页。
④ 王廷相：《雅述》上篇，《王廷相集》，第849页。

天地万物未成形之气中，蕴藏万物之种，并随之凝成形质。故浚川总结道："是气者形之种，形者气之化。"[①] 使万物凝成形质的根本种子就在太虚元气之中。气种就是指备于元气之中的气化之种。

然而气种说不得不面临这样的问题：在元气化生出万物的过程中，化生成万物的种子可能会改变，从而和万物未化生之时的种子不再同一。种子改变之后也可能导致化生过程的变化，如此则难以确保一贯性和同根性。对此，浚川提出气种之有定。

> 万物巨细柔刚各异其材，声色臭味各殊其性，阅千古而不变者，气种之有定也。人不肖其父，则肖其母，数世之后，必有与祖同其体貌者，气种之复其本也。[②]

万物有各种材质性状不同，并且各自保持永久不变，乃是由于气种之有定。即使是人也是同样的道理，因此家族内部成员之间体貌相像是由于气种之复其本。气种之有定，在一定意义上就是气之有常。

浚川提出气种之有定，旨在说明从无形到有形的气化过程中，虽然可以化生出各不相同的万物，但气种可以保持自身一致。

> 雪之始，雨也，下遇寒气乃结。花必六出，何也？气种之自然也。草木枝干花叶，人耳目口鼻，物蹄角羽毛，胡为而然耶？气各正其性命，不得已而然尔。应阴数，有诸？曰：傅会之拟矣！孰主宰为之？花萼亦有然者矣，四出、五出、六出同时而成，又奚应哉？[③]

自然界中各种现象的出现都是由于气种之自然。浚川所说的气种之自然，即指各种事物所呈现的面貌就是化生出此事物的气种自然而然的面貌。事物之所以如此，就是因化生该事物的气种有如此之定，必然且自然会显现出来。

那么气种之有定是如何形成的？浚川是如此说的：

---

① 王廷相：《答何柏斋造化论十四首》，《内台集》卷之四，《王廷相集》，第936页。

② 王廷相：《道体篇》，《慎言》卷之一，《王廷相集》，第754页。

③ 王廷相：《乾运篇》，《慎言》卷之二，《王廷相集》，第757页。

阴不离于阳，阳不离于阴，曰道。故阴阳之合，有宾主偏胜之义，而偏胜者恒主之，无非道之形体也。日阳精，星阳余，风阳激，雷阳奋，电阳泄，云阳乘；月阴精，辰阴余，雨阴施，雪如之，露阴结，霜如之，皆性之不得已而然也。故造化之道，阳不足，阴有余，而阴恒宗阳，阳一阴二，而阴恒含阳。①

浚川以为气种之有定是阴阳不相离，阴阳相合而形成阴阳偏胜造成的。在气所化生的事物中，阴阳偏胜的情况是一直存在的，不会出现有阴无阳或有阳无阴的情况。阴阳是永恒存在的，而且又是互相交感的。

浚川用阴阳偏胜来论述气之有定何以可能。太虚元气是由真阳之气、真阴之气构成，而在化生之后变成了阴阳偏胜的状况。当他作出上述说明时，他思想中气化与气本之间的裂痕再次暴露出来，并有渐趋加剧之势。既然太虚之气由太虚真阳之气和太虚真阴之气构成，水火等万物之种皆由此二气交感化出，那么这就难免与他所说的"故阴阳之合，有宾主偏胜之义，而偏胜者恒主之""故造化之道，阳不足，阴有余，而阴恒宗阳，阳一阴二，而阴恒含阳"存在冲突。两者之间的不一致，浚川并没有进一步作出解释。这两者如要坚持前者，则后者的出现难以解释；如要维持后者，则前者可能并非实有。唯一可以解决这种不一致的方案，就是在两者间划出恰当的界线。气种之有定就是这样一个思想界线。

浚川以气种说的视域下对天道、人性之自然与必然所作的讨论，是他在思想史上的一个贡献。浚川虽然用阴阳偏胜来说明气种之有定的，但并未说明阴阳有偏胜的根本原因。在浚川看来，阴阳气化本身就是如此。然而必然并非全然否定偶然，元气与气化不能只偏重于一面，这可能就是浚川思想不甚精微，有待提升的地方。

## 三、论太极阴阳

自《易经》提出太极，历代对于太极之意就有争议。"太极之说，始于'易有太极'之论。"②

———————

① 王廷相：《乾运篇》，《慎言》卷之二，《王廷相集》，第756页。

② 王廷相：《太极辨》，《王氏家藏集》卷三十三，《王廷相集》，第596页。

　　浚川认为作为造化之源的太极就是元气。有：

　　　　推极造化之源，不可名言，故曰太极。求其实，即天地未判之前，大始浑沌清虚之气是也。[①]

　　对于人们常说的太极，浚川认为其是天地未判之前的元气。元气化为万物，万物各不相同，所以说万物各具一太极是不对的，只能认为万物各具太极元气的一支。

　　有人认为以气言太极，此说是出于道家庄子列子之说。浚川认为这一看法毫无意义。儒家之说目的在于明道而已，只要是能够说出真理的学说，何必要计较其说的出处。孟子都曾采用过阳虎之说。若是有背于道的学说，即使是程朱之论，都应该纠正。

　　故浚川不同意以理言太极，也不认同理能动静而生阴阳。浚川认为理无机发，不可能会动静；理虚无象，不可能产生阴阳。浚川认为理是依附于气的，理是气之理，无独立于气之外的理。程朱理学以理言太极，而以气为形而下者，不愿以气言形而上之太极。"南宋以来，儒者独以理言太极而恶涉于气。如曰：'未有天地，毕竟是有此理。'如曰：'源头只有此理，立乎二气五行万物之先'；如曰：'当时元无一物，只有此理，便会动静生阴阳'；如曰：'才有天地万物之理，便有天地万物之气。'"[②]

　　理学家以理言太极，被浚川视为"支离颠倒"。而理学家所说的"万物各具一太极"，浚川亦认为有误。

　　　　太极者，道化至极之名，无象无数，而天地万物莫不由之以生，实混沌未判之气也，故曰元气。儒者曰："太极散而为万物，万物各具一太极"，斯言误矣。何也？元气化为万物，万物各受元气而生，有美恶，有偏全，或人或物，或大或小，万万不齐，谓之各得太极一气则可，谓之各具一太极则不可。太极，元气混全之称，万物不过各具一支耳，虽水火大化，犹涉一偏，而况于人物乎？[③]

---

①　王廷相：《太极辨》，《王氏家藏集》卷三十三，《王廷相集》，第596页。

②　同上。

③　王廷相：《雅述》上篇，《王廷相集》第849—850页。

万物各具一太极，这是宋以来理学家的著名论断。但浚川因对太极的理解不同，并不赞同此说。浚川以太极为元气，元气化生万物，万物各受元气一部分而已，并没有如"万物各具一太极"那样得到了完完整整的太极，故只能讲万物各得太极一气。

按照理学中宇宙生成模式，太极后就是阴阳。而浚川将元气看作是阴阳的统一体。

> 请以来论绎之："伊川曰'阴阳者气也，所以阴阳者道也'未尝即以理为气。"嗟乎！此大节之不合者也。余尝以为元气之上无物，有元气即有元神，有元神即能运行而为阴阳，有阴阳则天地万物之性理备矣，非元气之外又有物以主宰之也。今曰"所以阴阳者道也"，夫道也者，空虚无着之名也，何以能动静而为阴阳？①

程朱理学中沿用伊川之说"阴阳者气也，所以阴阳者道也"。浚川认为阴阳之气自身已具备天地万物之性理，气外无须再另设定一个道。离开阴阳而设定的道，实际是空虚无着的，根本不可能是主宰阴阳的。

又有：

> 元气之外无太极，阴阳之外无气。以元气之上，不可意象求，故曰太极。以天地万物未形，浑沦冲虚，不可以名义别，故曰元气。以天地万物既形，有清浊、牝牡、屈伸、往来之象，故曰阴阳。三者一物也，亦一道也，但有先后之序耳。②
> 仆尝谓天地未判之前，只有一气而已。一气中即有阴阳，如能动荡处便是阳，其葱苍璎璁之可象处便是阴，二者离之不可得。③

浚川提出太极、元气、阴阳三者为同一物，只是在指称时为强调某一方面特征而给予不同称谓。阴阳本身即是元气，阴阳一词强调了元气中存在相待的两方面的特征。

---

① 王廷相：《答薛君采论性书》，《王氏家藏集》卷二十八，《王廷相集》，第517页。

② 王廷相：《太极辨》，《王氏家藏集》卷三十三，《王廷相集》，第596页。

③ 王廷相：《答何粹夫二首》，《王氏家藏集》卷二十七，《王廷相集》，第490页。

阴阳一词强调了元气中相待的两方面，阴阳变化相互作用就是万物化生之道。阴阳乃是"造化之橐钥"。

> 阴阳，气也；变化，机也。机则神，是天地者，万物之大圆也。阴阳者，造化之橐钥也。水火土，阴阳之大用也。故气得土之郁而含，得水之润而滋，得火之燥而坚。气有翕聚，则形有萌蘖，而生化显矣。气有盛衰，则形有壮老，而始终著矣。①
>
> 阴阳也者，气之体也。阖辟动静者，性之能也。屈伸相感者，机之由也。缊绲而化者，神之妙也。生生不息，叠叠如不得已者，命之自然也。②

阴阳变化，是万物生生不息的根本原因。按浚川此说，阴阳即是构成万物的本原，又是万物化生的终极原因。这是将气本论和气化思想统一在一起。

阴阳二者是相互联系而不可分离的。

> 如天能运转，阳也；其附缀星辰河汉处，阴也。日光炎灼处，阳也；其中闪烁之精，则阴也。月之体，阴也；其受日光处，则阳也。火，阳也，本无形，必附于木石而后形，无木石则无火矣。是阳何尝离阴乎？水之始，云气也；得火之化而为液，无火则气而不水矣。是阴何尝离阳乎？非不可离，不得离也。③

元气中阴阳不可离，那由元气所化生的万物也是阴阳相待而不相离的。故有阴而无阳，有阳而无阴的情况都是不存在的。故而对于纯阳、纯阴之说法，浚川是批评的。

> 栢斋谓"云为独阴"矣，愚则谓阴乘阳耳。其有象可见者，阴也；自地如缕而出，能运动飞扬者，乃阳也。谓"水为纯阴"矣，愚则谓

① 王廷相：《雅述》上篇，《王廷相集》，第754页。

② 同上。

③ 王廷相：《答何粹夫二首》，《王氏家藏集》卷二十七，《王廷相集》，第490页。

阴挟阳耳。其有质而就下者，阴也；其得日光而散为气者，则阳也，但阴盛于阳，故属阴类矣。[1]

针对何柏斋所讲的"云为独阴""水为纯阴"，浚川提出其本质是阴乘阳、阴挟阳。其中都包含有阴阳，只是在不同层面其表现不同。

同样，针对何柏斋所讲"少男有阳而无阴，少女有阴而无阳"，浚川也批评道：

> 男女牝牡，专以体质言。气为阳而形为阴，男女牝牡皆然也。即愚所谓阴阳有偏盛，即盛者恒主之也，柏斋谓"男女牝牡皆阴阳相合"，是也；又谓"少男有阳而无阴，少女有阴而无阳"，岂不自相背驰？[2]

男为阳，女为阴，是专从体质层面来讲的。其实男女都是包含阳性之气和阴性之形，只是阴阳有所偏盛，从而导致男阳女阴的差异。

同样，对于先贤董仲舒所提出的正阳之月、正阴之月，浚川也有批评。

> 董仲舒答鲍敞曰"天地之气，阴阳相半，和气周回，朝夕不息。阳德用事则和气皆阳，建巳之月是也，故谓之正阳之月。阴德用事则和气皆阴，建亥之月是也，故谓之正阴之月"。愚谓阴阳相得，气乃和畅，单阳孤阴，二气偏颇，安得为和？日自星纪以往，其道北行，至五月而极；自鹑首以往，其道南行，至十一月而极。此以之论寒暑往来则可，论二气则不可。何以故？二气之在两间，氤氲相荡，无日无之，观夫云雨霜雪之泽，草木百荄之生，可测矣。时而资寒暑之势，过分则有之，实未尝阳尽而阴始生，阴尽而阳始生，亦未尝纯阴而无阳，纯阳而无阴也。以为纯阳而无阴，则阴匿于何所？以为阴尽而阳始生，则阳从何而来？为此说者，不过附会《易》卦爻数以立义耳，求诸阴阳实理之迹，殊不相符。且夫一月之内，必有雨雪霜露之感，使非阴阳之和，

---

① 王廷相：《答何柏斋造化论十四首》，《内台集》卷之四，《王廷相集》，第964—965页）。

② 同上书，第965页。

安能有此？参之纯阳纯阴，其理未通。①

浚川认为阴阳相得，气乃和畅，单阳单阴，二气偏颇，则不能够和畅。如果是纯阳而无阴，则阴藏于何处？如果是阴尽而阳才出现，则阳是从哪里来的？而且在一个月之中，还有雨雪霜露，这些都是阴阳相和而来，故纯阳纯阴之说是不通的。

其实，考察浚川与董仲舒二人之说，可知二人之说是从不同层面上而言的。董仲舒提出纯阳之月、纯阴之月，是指出每一月的性质。而浚川所说，更多强调每一月之中，阴阳二气的互相作用。二人所讲的阴阳并不是同一个意思，理解上的误差导致二人看法的不同。

阴阳相待不相离，但确是有偏盛的。"所谓阴阳有偏盛，即盛者恒主之也。"②阴阳二气有偏盛，因而物也有阴阳之分。但浚川所说的有阴阳之分，并非回到董仲舒之义。浚川仍强调对此不可过分夸大，以致得出阴阳可独立存有的结论。

> 二者相须而有，欲离之不可得者，但变化所得有偏盛，而盛者尝主之，其实阴阳未尝相离也。其在万物之生，亦未尝有阴而无阳，有阳而无阴也，观水火阴阳未尝相离可知矣。③

如此，浚川坚持阴阳相互依存，又指出阴阳有偏盛，进而提出事物可分为阴类、阳类。

由上可知，浚川在使用阴阳之语时，并未完全做细致的区分。他口中的阴阳既指气中可以区分的相对的两类，又可指万物中互相对立的两类性质。

## 四、论理气关系

理气关系是理学家所关注的重点问题。在明代理学盛行的环境中，

① 王廷相：《阳月阴月辩》，《王氏家藏集》卷三十三，《王廷相集》，第603页。

② 王廷相：《答何柏斋造化论十四首》，《内台集》卷之四，《王廷相集》，第965页。

③ 同上书，第974页。

浚川自然也回避不了理气关系问题。天地"未判，则理存于太虚；既判，则理载于天地"①，理依存于气而在，这是浚川的看法。

浚川论理气关系，常常从生成论入手。

> 夫万物之生，气为理之本，理乃气之载，所谓有元气则有动静，有天地则有化育。②

天地万物都出于元气。理也一样，是以气为本的。如此浚川从生成论进一步推导至本体论上的理气关系。

浚川之思想上承自张载之说。张载论理气关系，认为理是气运动的规律。如此，在张载那里，理是依存于气而在的。而浚川在解释张载之说时，则进一步认为气是理的载体。浚川言道：

> 气，游于虚者也；理，生于气者也。气虽有散，仍在两间，不能灭也，故曰"万物不能不散而为太虚"。理根于气，不能独存也，故曰"神与性皆气所固有"。③

理是产生于气的。理是气运动变化的规律，根植于气，不能离开气而单独存在。同时，浚川对于"气根于理而生"的说法也提出了批评："若曰'气根于理而生'，不知理是何物？有何种子，便能生气？不然，不几于淡虚驾空之论乎？"④如果说气是产生于理的，那么理究竟是什么，它还是气运动变化的规律吗？理中存在什么样的种子可以产生气？在浚川看来，气是质料，必然要由物质属性的事物产生，而理则不是，理本身并不是质料，无法产生气。

宋代理学家在探讨理气关系时，提出了"理一分殊"。天地万物的理有一个总合的理，即理一，而天地万物又有其自身各不相同的理，即分殊。

---

① 王廷相：《太极辨》，《王氏家藏集》卷三十三，《王廷相集》，第596页。

② 同上

③ 王廷相：《横渠理气辨》，《王氏家藏集》卷三十三，《王廷相集》，第603页。

④ 同上。

对于理一分殊，浚川基于其气本理论也做出分析：

> 天地之间，一气生生，而常而变，万有不齐，故气一则理一，气万则理万。世儒专言理一而遗万，偏矣。天有天之理，地有地之理，人有人之理，物有物之理，幽有幽之理，明有明之理，各各差别。统而言之，皆气之化，大德敦厚，本始一源也；分而言之，气有百昌，小德川流，各正性命也。若曰天乃天，吾心亦天，神乃神，吾心亦神，以之取喻可矣。即以人为天，为神，则小大非伦，灵明各异，徵诸实理，恐终不相类矣。①

浚川认为天地万物根源于气，万物都是一气所化生而来，气就是最终的本原，此是一，故气一则理一。而气又有变化，气有不同形态，又决定了万物之理不同，故气万则理万。

浚川用"气一则理一，气万则理万"解释理一分殊。万物之理统为一理，是由于万物本于一气。万物之理又是各为分殊，是由于气的变化所成形态不同。故理一分殊最终是由气决定，理一和分殊就是气的常和变。

气有常和变，故理也有常和变。世间万事万物的变化最终都是气的变化。

> 元气即道体。有虚即有气，有气即有道。气有变化，是道有变化。气即道，道即气，不得以离合论者。或谓气有变，道一而不变，是道自道，气自气，歧然二物，非一贯之妙也。且夫道莫大于天地之化，日月星辰有薄食彗孛，雷霆风雨有震击飘忽，山川海渎有崩亏竭溢，草木昆虫有荣枯生化，群然变而不常矣，况人事之盛衰得丧，杳无定端，乃谓道一而不变，得乎？气有常有不常，则道有变有不变，一而不变，不足以该之也。为此说者，庄老之绪余也，谓之实体，岂其然乎？②

如果说气有变而道不变，那么就是割裂了道与气的关系，忽视了理

---

① 王廷相：《雅述》上篇，《王廷相集》，第848页。

② 王廷相：《雅述》上篇，《王廷相集》，第848页。

在气中、理依存于气的关系。天地间万物都是在运动变化的，不存在不变的道。道家以道为最高最终之原，以道是不变的。故浚川认为道是一而不变之说，其实是延续了道家老庄之说。此处浚川实际上批评了宋明程朱理学中将理认作是不变的最高最终本体的观点。

> 儒者曰："天地间万形皆有敝，唯理独不朽"，此殆类痴言也。理无形质，安得而朽？以其情实论之，揖让之后为放伐，放伐之后为篡夺；井田坏而阡陌成，封建罢而郡县设。行于前者不能行于后，宜于古者不能宜于今，理因时致宜，逝者皆刍狗矣，不亦朽敝乎哉？[①]

浚川认为理是因时制宜，随时而变的。《老子》有"天地不仁，以万物为刍狗"之说，刍狗是祭祀所用的草扎的狗，用完即丢弃。过去的理不合时宜，就如同刍狗一般，故理并非是不朽的。实际上，此处浚川列举了理变化的例子，所指是具体事物之理。具体事物之理随着事物的变化而变化，随着事物的消亡而消亡。

## 五、论气与神

元气是活泼之有机生命体，有精神、有意识。神就是气之活力。此是中国哲学中所有之特质。元气化生万物过程中，神也成为万物中的精神。化生万物，万物有了形，也有了神。

在讨论气与神的问题上，学者基于思想基础的不同，产生了分歧。明代也出现了王廷相和何瑭的争论。

何瑭，字粹夫，号柏斋，生于成化十年（1474），与浚川同年，卒于嘉靖二十二年（1543），历任开州同知，东昌府同知，山西提学副使，浙江提学副使，南京太常寺少卿、正卿，北京工部右侍郎、户部右侍郎，南京都察院右都御史掌院事等职，官至三品。柏斋与浚川同是弘治十五年进士，都做过地方和中央一级官员，也同样不阿附权贵，不屈从宦官刘瑾。

---

① 王廷相：《雅述》下篇，《王廷相集》，第887页。

浚川与柏斋私交甚好，互敬互友。然二人在理论观点上却有着极大的分歧。气与神的问题即是其中之一。我们探讨浚川、柏斋二人的辩论，可了解当时学人对此问题的态度。

柏斋于嘉靖五年（1526）著《阴阳管见》，又于嘉靖十三年（1534）著《阴阳管见后语》。柏斋在《阴阳管见后语》言其作书之缘由：

> 所谓"子不语神""子罕言命"，"夫子之言性与天道，不可得而闻"是也。但近世儒者，不察先圣之指，未明造化之妙，辄以己见立论，其说传于天下，后世学习於耳目之闻见，遂以为理实止此，而不知其谬也。予惜其失，故著《管见》以救之，而争辩纷然而起，盖为先入之言所梏耳。予不得已，乃著《管见后语》以发之。学者熟玩而细察焉可也。①

人们对于气与神有了诸多看法，在柏斋看来其中的绝大多数已经远离了先圣的看法，故作两书来纠正人们认识上的错误。而且柏斋在书中对浚川《慎言》《雅述》的观点有所指摘。两书的问世，也引发了当时学者的争辩，浚川也做出相应的回应。

二人争论问题的重点，即是气与神是并存还是"神必藉形气而有"。

柏斋对于阴阳的认识完全不同于浚川。他认为阴阳是分开各自独立存在的尸体，阴阳并存，阴阳不可混。

> 阳动阴静，阳明阴晦，阳有知阴无知，阴有形阳无形，阳无体以阴为体，阴无用待阳而用。二者相合，则物生；相离，则物死。②

他说有形无知的阴和无形有知的阳在性质、作用、存在形式等方面都不同，不可混为一。由此可知柏斋以阴阳为事物所具有的两方面属性。

阴形阳神，阳有知而无形，阴有形而无知。柏斋认为：

> 阴形阳神，合则生人，所谓精气为物也；离则人死，所谓游魂为

---

① 何瑭：《阴阳管见后语序》，《柏斋集》卷六。
② 何瑭：《阴阳管见》。

变也。方其生也，形神为一，未易察也；及其死也，神则去矣。而去者初无形可见，形虽尚在，然已无所知矣。阳有知而无形，阴有形而无知，岂不昭然而易察哉？[①]

气与神相分并存。阴阳相合则物生，离则死。

浚川则认为神必藉形气而有：

> 夫神必藉形气而有者，无形气则神灭矣；纵有之，亦乘夫未散之气而显者，如火光之必附于物而后见，无物则火尚何在乎？仲尼之门，论阴阳必以气，论神必不离阴阳。[②]

神依赖于形气，如火光必附于物，无物则火不存，无气则神灭。神是气所固有，无气则神无以生。

> 愚以元气未分之时，形、气、神冲然皆具……且夫天包地外，二气洞澈，万有莫不藉之以生，藉之以神，藉之以性，及其形坏气散，而神性乃灭，岂非生于本有乎？[③]

太虚元气本身即具有形、气、神，在由元气化生万物的过程中，神也随之而化。神也依赖形气，三者互相统一。形坏气散，则神也灭。

阴阳不测之谓神，阴阳二气的神妙莫测的变化就是神。浚川认为神是气之用：

> 气之灵为魂，无质以附丽之则散，灯火离其膏木而光灭是矣。质之灵为魄，无气以流通之则死，手足不仁而为痿痹是矣。二者相须以为用，相待而一体也。精也者，质盛而凝气，与力同科也，质衰则疎弛，而精力减矣。神也者，气盛而摄质，与识同科也，气衰则虚弱，而神识困矣。是故气质合而凝者，生之所由得也；气质合而灵者，性之所

---

① 何瑭：《阴阳管见后语》。

② 王廷相：《答何柏斋造化论十四首》，《内台集》卷之四，《王廷相集》，第964页。

③ 同上书，第965页。

由得也。[1]

魂、魄、精、神，都是气之妙用。气为体，神为用，故神不能离气而独立存在。

浚川批驳了当时认为神可以离开形气而独立存在的观点：

> 诸儒于体魄、魂气，皆云两物，又谓魄附于体，魂附于气。此即气外有神、气外有性之论。以愚言之，殊不然。体魄、魂气，一贯之道也。体之灵为魄，气之灵为魂。有体即有魄，有气即有魂。非气体之外别有魂魄来附之也。且气在则生而有神，故体之魄亦灵；气散则神去，体虽在而魄亦不灵矣。是神气者又体魄之主，岂非一贯之道乎？知魂魄之道，则神与性可知矣。[2]

气外有神之论，是浚川反对的。他认为气、神，是一贯的。有气则有神，气散则神去。故浚川批评柏斋的看法，认为其观点源自释氏仙佛之论，是异端之见。

---

[1] 王廷相：《道体篇》，《慎言》卷之一，《王廷相集》，第754页。

[2] 王廷相：《雅述》上篇，《王廷相集》，第837页。

# 第十章 吕 柟

　　吕柟（1479—1542），原字大栋，后改字仲木，陕西高陵人，号泾野，学者称泾野先生。正德三年（1508年），擢进士第一，授翰林编修，曾遭刘瑾嫉恨而引退。后升太常寺少卿，国子监祭酒，累官至南京礼部右侍郎。任职南京的九年中，吕柟与当时的著名学者进行了频繁的学术交往和辩论。嘉靖十七年（1538年），上疏请归，返归故里讲学于北泉精舍。

　　吕柟著述众多，有《周易说翼》《尚书说要》《毛诗说序》《礼问内外篇》《春秋说志》《四书因问》《史约》《小学释》《宋四子钞释》《寒暑经图解》《史馆献纳》《南省秦藁》《泾野子内篇》等。

　　吕柟生活的时代，程朱理学困乏支离，王湛心学盛行天下。在这种情况下，吕柟并没有倒向心学，而是重新回到先秦孔子那里，继承和发扬孔子的仁学思想。吕柟的这一思想特点，亦成为关中之学后来发展的主要趋势。


## 一、气即理

　　理气关系是理学的基本问题。明代理学家往往从论述理气关系入手，来建构自己的理论体系。有明以来，很多学者开始对朱熹理气二分、理先气后思想作了修正。泾野也接着这一进路，来论说理气关系。

　　泾野认为理在气之中，浑无间然。故泾野对朱子理气二分的看法有所批判：

　　　朱子谓"气以成形而理亦赋"，还未尽善。天与人以阴阳五行之气，理便在里面了，说个亦字不得。①

朱子以为理与气密不可分，但是相对独立。理是有逻辑上的先后的，而气是次生的。泾野则以为如此说是不够的，理气是不能分先后的。泾野虽继承了张载的思想，但认为张载所说的合虚与气的关系本质上仍是理气二分，还是有问题。

> 问张子说"合虚与气有性之名"。曰："观合字，似还分理气为二，亦有病，终不如孔孟言性之善。如说天命之谓性，何等是好，理气非二物。若无此气，理却安在何处？故《易》言'一阴一阳之谓道'。"②

泾野又对"一阴一阳之谓道"作了进一步解释。

> 增问："一阴一阳之谓道者何？"曰："承上言《易》非独与天地准，又兼乎天地也。盖道，易也，兼阴阳而言也。故自其流行言之谓之善，自其各正言之谓之性。斯道也，非人之所易识也。盖藏诸用者盛德也，独谓之仁者非矣，显诸仁者大业也，独谓之智者非矣，斯皆生生之易。所谓道也安在乎？在天地焉，成象效法是也，乾坤所由名也；在人事焉，极数通变是也，占事所由名也。斯皆兼阴阳而言道，其神矣乎！夫仁者见阳而不见阴，智者见阴而不见阳，百姓又日用而不知，则《易》道不测之神鲜矣，故曰非人所易知也。""继成又何以曰善性？"曰："继如日新之德，便欲生物，岂有恶意乎成如富有之业，皆能成物，岂非所性乎？"③

他认为易是从一阴一阳的变易生成来说明道的。道实质上也就是阴阳变易，是气流行变易生成的，是阴阳二气往来变化生生不息的体现。道是不容易被人所认知把握的，但人们可以从道的流行发用中体认道。道是基于一阴一阳而展现的。

---

① 吕柟：《泾野子内篇》卷十六，第155—156页。

② 吕柟：《泾野子内篇》卷十三，第124页。

③ 吕柟：《泾野先生周易说翼》卷三。

泾野所谓的"一阴一阳"是气，是一阴一阳的流变生成之气，也同时是理、是一阴一阳的往来运作之理。一阴一阳本身就是理气合一之整体。

阴阳变易之本原，即理气合一之整体，实质上也就是一气的发用流行、变易生成、生生不息。这种变易生成、发用流行内在包含着两个方面：理气合一之整体是实际存在的实体，同时又是自身能动静的。

> 太虚人物实一体也，太虚之气不得不聚而为人物，人物之气不得不散而为太虚。[1]

天地万物都是一气流行的结果。太虚也即理气合一之整体，太虚聚散流行而化生万物。

按泾野之说，气是言道体的实有实存、化生万物，理是言道体的动静有常、至公至仁，两者其实只是一物，是一物之两面。

## 二、性从气发

泾野基于理气合一的认识，认为性气不可二分。

> 本泰问夜气。曰："夜气之说，有夜气、有旦气、有昼气。昼气之后有夜气，夜气之后为旦气，旦气不梏于昼气，则充长矣。孟子此言气字，即有性字在。盖性何处寻？只在气上求，但有本体与役于气之别耳，非谓性自性，气自气也。彼侧隐是性发出来的，情也；能侧隐，便是气做出来，使无是气，则无是侧隐矣。先儒喻气犹舟也，性犹人也，气载乎性，犹舟之载乎人，则分性气为二矣。试看人于今，何性不从气发出来？[2]

性从气中发出来。程朱理学是以理气为二、理先气后、理主气从为基本前提的，其所强调的是性即理也，认为性乃形而上之天理，气乃形而下之质料，从而在人性问题上提出了人舟之喻。泾野认为人们只能在

---

[1] 吕柟：《重刻吕泾野先生文集》卷二十。

[2] 吕柟：《泾野子内篇》卷十二，第116页。

气上求性、气上寻性。由此，泾野提出从气之合理与否来解读孟子的言论，从气之合理与否来讨论人性善恶问题。动静有常之气则为合理之气，而纷扰妄动之气则为不合理之气。气之动静有常、适宜中正就是性之本然状态，气之动静失常、纷扰妄动则是性之"役于气"。比如恻隐之情就是气的合理适宜，就是从气发出来的性之本然状态，反之，如果无恻隐之情，则便是"役于气"而失去合理适宜状态。

宋以来，学者往往用天地之性和气质之性来说明先天性善和后天性善恶混杂状态。而泾野对此则提出了修正。

> 无气质则无天地之性，气质灵聚处使是天地之性。[1]
> 天地之性，善而已，亦只在气质之性中。[2]

天地之性即善，并不是独立存在的，而是在气质之性中的，是气质灵聚处。故性在气中。

由此出发，泾野认为从气发出之性也是善的，性本无不善，但由于后天习染，本性至善之人就会为善为恶。

> 问"夫子言'性相近，习相远'矣，又言'唯上智与下愚不移'者何？""言人性相近，其本元无不善，但习染后始相远也，除是上智下愚者则不能移耳，盖言人性之善也。如尧、舜、桀、纣、颜回、越椒，数百年之内、亿万人之中，始有一人焉，看来天下可移者还多，而不可移者甚少，可见还是性之本善也。"一生曰："此兼气质之性乎？"曰"天命之性，非气质何处求、如何分得！"曰："恶亦不可不谓之性，如之何？"曰："呼蹴之食，乞人不屑，此亦可见。然终不如孟子曰'人无有不善，水无有不下'。合观之，更觉亲切。至于韩子性有三品之说，似有两可之疑，误看了上智下愚也。"[3]

孔子既说"性相近，习相远"，又说"唯上智与下愚不移"。这是

---

① 吕柟：《朱子抄释》卷二。

② 吕柟：《张子抄释》卷一。

③ 吕柟：《泾野子内篇》卷二十一，第215页。

指人在气禀生成以后所禀赋的善之本性并无太大的差异，只是由于后天习染的不同，有的人扩充本身之善性而成为上智者，有的人则遮蔽本身之善性而成为下愚者。在这种后天习染的过程中人一旦成为上智或下愚，则这种上智与下愚也就无法改变了，上智者由于完全获得了自己的善之本性而不再可能成为下愚，下愚者也由于完全丧失了自己的善之本性而不再可能成为上智。而这种无法改变的上智者如尧舜、下愚者如桀纣，也只是极少数的人。除此而外的绝大多数人都是可以改变的中人。

泾野虽然也接受天命之性和气质之性的说法，却否定了脱离气质之性的天命之性。

> 问：“孟子说个仁义礼智，子思但言喜怒哀乐，谓何？”先生曰：“人之喜怒哀乐，即是天之二气五行，亦只是打天命之性上来的。但仁义礼智隐于无形，而喜怒哀乐显于有象，且切紧好下手做功夫。学者诚能养得此中了，即当喜时体察这喜心，不使或流；怒时体察这怒心，不使或暴；哀乐亦然。则功夫无一毫渗漏，而发无不中节，仁义礼智亦自在是矣。”①

喜怒哀乐乃是二气五行之流布显现，是有形有相的，仁义礼智则是二气五行之至善本然，是无形无相的。前者就是以往理学家所讲的气质之性，后者就是以往理学家所讲的天命之性。如若将此二者对立，强调天命之性而忽视气质之性，就会有“孟子说个仁义礼智，子思但言喜怒哀乐”的疑惑。而泾野则认为天地之性就在气质中，天命之性就是二气五行之至公至仁。

泾野认为孔子、孟子言性本就是浑然一体的。

> 孔子系《易》，言“一阴一阳之谓道。继之者善，成之者性”。是言性则善便在前。孟子道性善，言性则善便在后，却源流于孔子。世儒谓孟子性善专是言理，孔子性相近是兼言气质。却不知理无了气，在哪里求理？有理便有气，何须言兼！都失却孔孟论性之旨也。②

---

① 吕柟：《泾野子内篇》卷十六，第156—157页。

② 吕柟：《泾野子内篇》卷十五，第150页。

孔子言性，善便在前。孟子言性，善便在后。孔孟言性都是浑然的，并不存在有没有兼气质而言的问题。后人之说失去了孔孟论性的原本宗旨。

泾野所讲的性主要还是强调人生而具有的道德本性，只是反对突出天命之性而贬低气质之性。泾野肯定气质之性，将气质之性与天命之性合而为一，可以说是后来以气质论性的开端。

## 三、养气功夫

功夫论是泾野治学的重要组成部分。慎独致曲、事上习心是泾野为学的主要功夫。泾野多强调在日常小事、细枝末节中着手。养气功夫也是泾野所看重的。

养浩然之气，是孟子所提出的重要功夫。泾野对此有专门的论述。

> 问："浩然之气如何？"先生曰："这却难说。孟子曰：'难言也。'他说难言，便见他实有此浩然之气。何以难言？这个气至大至刚，不是小可的，若能直养而不作为以害之，便塞乎天地之间，那里到不得！夫人以眇然之身而能塞乎天地之间，此气是何等样大，岂不是难言？然这个气亦不是光光的一个气，配合着这个道义，所以能塞天地之间。若无道义，只是个血肉之躯，却便馁了，怎么能浩然？唯气配义与道，故养气者须要'集义'，今日集一义，明日集一义，久之则自反常，直不愧于屋漏，可以对天人，可以质鬼神。至大者由此而生，至刚者由此而出，然后能塞乎天地。不是只行一事，偶合于义，便可掩袭于外而得之。若'义袭'的，他心中未免有歉，要行却趑趄，要说却嗫嚅，此气便馁矣。告子元不知义，以义为外，便不能集义，如何能养得浩然之气！集义如何？只是'必有事'，如见一个人，便思他是正是邪，当敬当远;遇一件事，便思是义是不义;一念之动，便思是正念是邪念;无一时无事，这方是有事。又不可预期其效，如夫子与樊迟说'先难而后获'，正是此意。又不可忘其所有事，如夫子终日不食，终夜不寝，发愤忘食，乐以忘忧，不知老之将至，只是这个功夫。就是文王之'纯亦不已'，周成王之'学有缉熙于光明'，也是这一般学问。又不可助

长，如做得一件事，便要当了百十件，做得一日功夫，便要当了百十日，却是'义袭'，如何使得！故'勿助长'。看来孟子实落在此做功夫过来，故说得亲切，学者亦当在此做工。就是《大学》的功夫亦与此同，他说'格物'，便是这'必有事'一般。"①

又有：

> 象先问："其为气也，配义与道。李延平说'气与道义元是一滚出来的'，此论极是，却又将衬贴字解配字，恐未稳。夫天之生人，道义与气便一齐具足，无有个无理之气，唯直养无害，便与道义浑合无间，故云配耳。孟子下一配字对失养时言之故也。注云'若无此气，一时所为，未必不出于道义。然其体有不充，亦不免于疑惧而不足以有为'，恐亦未安。盖无浩然之气，便无道义了，便歉然馁矣。安有道义于一时而后日才馁耶？是否？"先生曰："这配字如广大配天地、变通配四时之配。盖天地就是个广大，不是广大又是一个物与天地相对合也，故配义与道方是浩然之气耳。苟无道义，虽谓之血肉之躯可也，又安得以言浩然哉？观诸乞墦之人、绖臂之子，又何尝一时所为出于道义哉？"②

浩然之气，是配合道义而言的。人由气化生时，已经具有了道和义。若无道义，人就只是一个血肉之躯。所以人是先天就具有道德本身的。在养气功夫中，就要坚持集义。在遇到具体事物时，就要思虑是否合义。此功夫也是和格物相通的。在人与天地万物的交互往来之中，人才能感知天地万物，才能获得天地万物之理。

养气集义功夫又和致曲功夫有相同之处。

> 象先问："孟子所谓直养即子思所谓致曲功夫一般，集义只是事事皆直，仰不愧、俯不怍，浩然之气自生。而今只将自家心体上验到那无私曲处，自然有此气象。故谢良佐有云'浩然之气，须于心得其

---

① 吕柟：《泾野子内篇》卷二十七，第280—281页。

② 吕柟：《四书因问》卷五。

正时识取此等'说集义,似亦尽了。"先生曰:"不知当三五人看又如何,不知当百数十人看又如何。如有未然焉,得谓之尽乎?"象先愕然曰:"安能必百数十人之皆然哉?"先生曰:"只如此亦可以观集义。"①

泾野认为致曲就是要将自身的义理仁心推致发用于事物的"纤悉委曲处"而无遗漏欠缺,是为学君子在日用行事中的躬行践履功夫。泾野更强调要将己心的好善恶恶之意自然而然地发挥到极致,将自身的义理毫无偏碍地发用于极致,进而使得方方面面都能如此。

对于致曲的理解,泾野表现出与朱子的不同之处。朱子认为《中庸》中的致曲之致就是推致,曲就是一偏,普通学者"必自其善端发见之偏,而悉推致之,以各造其极也"。朱子的致曲强调的是将发见于己心的善端之偏而非全体扩充到天理的豁然贯通之处,从而也将自身的天理人性发挥到极致。而泾野所强调的则是要将发见于己心的义理善端即性之全体呈现在事物的细微曲折之处,从而也将自身的义理仁心发用于极致。

在养气功夫中,持志也是必需的功夫。

> 象先问:"持志养气是一时功夫,非判然二事,如手容恭、足容重一般。手容足容是气,而其所以恭且重者,孰主之?皆志为之也。故观孟子前面并说持志养气,后面只说养气更不说持志,可知矣。然则志至气次之说如何?此次字正如《春秋传》所谓'其师次于某处'之次一般,非有先后之可言也。"先生曰:"志虽至极而气即次于志,非可缓之物。可见虽养气亦用志也。不然蹶者趋者虽是气,而所以蹶趋者亦是志之未持也。故孟子说善养浩然之气为不动心。"②

持志和养气不是分开的,而是同时的。养气的同时就要持志。如果没有持志,就会出现蹶者、趋者这样的情况。持志从而保证在养浩然之气时能不动心。

泾野对于养气功夫的认识,是对孟子养浩然之气的解释,而特别强调在日常小事、细枝末节中着手。这体现了泾野功夫论的特色,其功夫论致力于纠正当时空疏的学风。

---

① 吕柟:《四书因问》卷五。

② 同上

# 第十一章　吴廷翰

吴廷翰（1491—1559），字崧伯，别号苏原，南直隶无为州人。生而颖异，十二岁学《易》，二十九岁中举，次年登进士，历兵、户二部主事，转吏部文选司郎中。与当事争执选簿，忤其意，外补广东佥事，转岭南分巡道，兼督学政，不久迁浙江参议，调山西参议。大灾之年，力请蠲贷，鬻淫祠，救济灾民，所活殆数十万人。年四十余，即致仕，家居三十余年。

其所著有《漫录》《丛言》《椟记》《瓮记》《志略考》《湖山小稿》《苏原全集》等。国内极少见，但流到日本，影响甚广。苏原早年受外祖父张纶的启迪，中年以后，受王廷相的影响。其思想成为日本古学派的重要思想渊源。

## 一、气为天地万物之祖

苏原之学，以气为宇宙的始基。在天地万物形成之前，只有气存在。

何谓道？一阴一阳之谓道。何谓气？一阴一阳之谓气。然则阴阳何物乎？曰气。然则何以谓道？曰：气即道，道即气。天地之初，一气而已矣，非有所谓道者别为一物，以并出乎其间也。天地之初，一气而已矣，非有所谓道者别为一物，以并出乎其间也。气之混沦，为天地万物之祖，至尊而无上，至极而无以加，则谓之太极。及其分也，轻清者敷施而发散，重浊者翕聚而凝结，故谓之阴阳。阴阳既分，两仪、四象、五行、四时、万化、万事皆由此出，故谓之道。太极者，从此气之极至而言也。阴阳者，以此气之有动静而言也。道者，以此气之为天地人物所由以出而言也，非有二也。①

苏原以《易传》为依据来论证气的本体地位。苏原以"一阴一阳之谓气"等同于"一阴一阳之为道"，即认为道即气。道是天地万物的总根源和伦理道德的终极根据。气即道，也就使得气也具备了本体的意义。苏原所认为的道即气，一是指道是阴阳之气，单阴或单阳不可谓之道。二是指道，也即气，为万物之根源，天地万物都是由此而出。朱子认为："阴阳迭运者，气也，其理则所谓道。"朱子以阴阳的变化运动为气，其所以迭运的理是道。而苏原则主张气即道，道即气，将气上升为形而上的本体。苏原否定朱子的注释，由此可见其勇气。

苏原认为气是开天辟地的始基，是天地万物化生和繁衍的祖宗，是至尊无上的终极存在。就气一而言，道、太极不是别为一物，而就是气；就分殊而言，气有轻清、重浊、发散、凝结，由阴阳分为两仪、四象、五行、四时。太极是就气的极至而言，阴阳是就气的动静而言，道是就天地万物由气而出而言。故太极、阴阳、道均是气所体现不同的特性、形式、内涵，并非别是一物。

苏原指出论道之书，应以《易》为宗，而言应以孔子所说为准。苏原依据《易传》思想，阐述了气生天地万物的过程。气有阴阳，阴阳生天地，天地生四象，四象生四时，四时生四物，四物生万物。

> 盖太极始生阴阳，阳轻清而上浮为天，阴重浊而下凝为地，是为两仪，盖一气之所分也。阴阳既分为天地，天地又各自为阴阳，所以谓"立天之道，曰阴与阳；立地之道，曰柔与刚"。天以阳为主，天之阳合地之阴，曰少阳；合地之阴，曰太阳；地以阴为主，地之阴从天之阳，曰少阴；从天之阴，曰太阴；是谓四象，盖二气之所分也。四者流布，进退消长，温凉寒暑，以渐而变，是为四时。其类则少阳为春，太阳为夏，少阴为秋，太阴为冬，乃其自然之序。四者变合交感，凝聚极盛，乃成其类，则少阳为木，太阳为火，少阴为金，太阴为水，乃其自然之化。则此四物，是亦四象之所为，而与人物并生，同化于

---

① 吴廷翰：《吉斋漫录》卷上，《吴廷翰集》，第5页。

天地者。岂有水火金木既生之后，质具于地而气行于天，四时乃反待
之以行，人物乃始感之以生乎？无是理也。若曰未有此质之先，原有
此气，以致四物化生，其后生人生物，亦藉此气，故举而归之，非必
待其质具而后气行也。然气来成质，不过阴阳二者，名以四象，犹为
指气而言。其曰水、火、金、木，则皆物已成质之名。乃复据质而追
本其气乎？窃谓圣人两仪四象之就，为得造化至理，不必附以五行而
后足也。①

气的动静为阴阳之气，阳气轻清而上浮成为天，阴气重浊而下凝成
为地，天地形成。形成之后，天地又各自为阴阳，进而成为四象。苏原
认为四象造化天地万物，不必附上五行之说。这一过程是由阴阳两仪生
少阳、太阳、少阴、太阴四象；四象流布，进退消长，少阳为春，太阳
为夏，少阴为秋，太阴为冬，如此周而复始，循环变化而成四时；四时
变合交感，凝聚极盛，少阳为木，太阳为火，少阴为金，太阴为水，形
成四物；木火金水四物化生，生人生物。气生阴阳，阴阳生四象，此是
气未成形质阶段，四物及万物生成，则是气已成形质阶段。

天地万物形成，其运动变化受阴阳变化规律的支配。天地间各种现
象都是气化流行的结果，如寒暑交替、风雨雷电。

盖一气之流行消长，则温凉寒暑自有分别，而为春、为夏、为秋、
为冬。非谓春秋能为温凉，冬夏能为寒暑，特由气之流行而因以名时耳。②
夫一气至燠而暑为阳，自凉而寒为阴，非阴阳之气有寒暑，乃以
气之寒暑而分阴阳也。故其寒其暑乃气之自为。③
夫雷风雨，皆天地之变化，气之所为也。④

在苏原的宇宙发生模式中，苏原不言五行，他认为"五行之说，人

---

① 吴廷翰：《吉斋漫录》卷上，《吴廷翰集》，第9页。
② 吴廷翰：《五行所主之非》，《椟记》卷下，《吴廷翰集》，第182页。
③ 吴廷翰：《寒暑由日进退》，《椟记》卷下，《吴廷翰集》，第166页。
④ 同上书，第168页。

君行政之名，而误以为天之运也"①。他认为五行的渗入，乃是汉儒的错误。这一看法和周敦颐《太极图说》的模式有所区别。周敦颐在阴阳之后加入五行，而不言四象，苏原则对此提出质疑："若太极两仪之后，必待五行，乃成四时，而生人物。厥唯妙理，则圣人作《易》，何不取象于五，而遂自四而八乎？若以四象当之，则缺其一；若以八卦当之，则余其三。《太极图说》本以明《易》，两仪之后，辄入五行，而不言四象，何也？"②圣人作《易》，依太极、两仪、四象、八卦之次序，而周敦颐则将其改为阴阳、五行之次序。周敦颐之说与圣人不同，故苏原提出了质疑。

太极为气。苏原认为：

> 盖太极者，言此气之极至而无以加尊称之也。无极者，又所以释
> 太极之义。③

> "太极动而生阳"云云，即一气之动处为阳，静处为阴。盖太极，
> 一气耳，据其动静

> 以阴阳名之，非阴阳至此始生。"动静互为其根，言阴阳之本一。"④

太极是指气的极至。太极一词说明天地万物皆从此出，故至极至尊，反映了阴阳未分的混沌元气。周敦颐所谓"无极而太极"，是讲太极的含义是无极，并非有两极。

气有动静变化。而周敦颐有"主静"之说，故后人有以静为太极本体，主张气之本然状态是静的。对此，苏原是反对的。他认为明道所讲"动静无端，阴阳无始"是讲到极致了。苏原认为气中本有阴阳，阴阳即动静。

> 程子谓"动静无端，阴阳无始"，此言已到极处。盖既谓动静阴
> 阳，已是两端循环，如何分得先后？所以说"动前又有静，静前又有
> 动，阴前又是阳，阳前又是阴"。如日"动静""动静有常，刚柔断矣"

---

① 吴廷翰：《吉斋漫录》卷上，《吴廷翰集》，第10页。

② 同上书。

③ 同上书，第7页。

④ 同上书，第8页。

之类，是以动为先、静为后；如曰"阴阳""一阴一阳之谓道"之类，是以阴为先、阳为后；"太极动而生阳"，动在静先；"继之者善"，阳在阴后也。圣人于此有难以言语悬断，所以说出"易有太极"，乃包阴阳、动静而言之，何等浑沦。故凡单言阴阳、动静者，毕竟皆指一端，非谓太极之全体也。后人见"太极动而生阳，静而生阴"之说，以为太极虽兼动静，而以静为体，皆非《易》之本旨也。①

苏原认为阴阳两端，循环不息，动前有静，静前又有动，不可分先后。"易有太极"是包含阴阳动静，是浑沦的，合在一起的。太极全体即阴阳。单讲阴或阳，单讲动或静的，都只是讲到了一部分，并非太极全体。单阴单阳皆不能称为太极。

又有：

"太极动而生阳"云云，即一气之动处为阳，静处为阴。盖太极，一气耳，据其动静而以阴阳名之，非阴阳至此而始生也。"动静互为其根"，言阴阳之体本一。分阴分阳而两仪立，乃其用之二也。②

太极为一气，依据气的动静而称气为阴阳。所以动静的本体是气，分阴分阳是气的作用。

周敦颐在《太极图说》中所言"圣人定之以中正仁义而主静"中的静字，并非"太极动而生阳，静而生阴"中的静字。前者实际上是指定，是作为修养功夫而言的。

宋代以来，理气关系一直是学者争论不休的问题。对此，苏原也作了详细分析。苏原认为气外无别的理，也即理在气中。

气之为理，殊无可疑。盖一气之始，混沌而已。无气之名，又安有理之名乎？及其分而为两仪，为四象，为五行、四时、人物、男女、古今，以至于万变万化，秩然井然，各有条理，所谓脉络分明是已。此气之所以又名为理也。若其杂揉不齐，纷纭舛错，为灾异，为妖渗，

---

① 吴廷翰：《吉斋漫录》卷上，《吴廷翰集》，第13页。

② 同上书，第8页。

为浊乱，则诚若不得其理矣，然亦理之所有也。安得以理之所有者而疑以为非理哉？①

理是气之条理，气是理之始基。基于此，苏原认为理并非是一个表示存在的范畴，而只是表示功能、状态的范畴，即是对气的功能状态的描述。理以气为基础，并非脱离于气而独存的一物。即使那些非常规的现象变化，如灾异、妖渗、浊乱等，似乎是气的条理错乱，其实也是气的运动变化中本有的，也是有理的。

苏原认为《易》就是以阴阳为道，道即气，气即道，故在气之上不存在另一个本体。基于此，苏原批评了程朱的理本论思想。

> "一阴一阳之谓道。"程子谓："离了阴阳便无道，所以阴阳是道也。"又曰："道非阴阳也，所以一阴一阳者道也。"朱子谓："一阴一阳之谓道，当离合看。"又曰："阴阳是气不是道，所以为阴阳者乃道也。"又曰："阴阳只是阴阳，道便是太极。"据是数说，虽不能离阴阳以言道，然其曰"所以为阴阳"，终是有一物以为阴阳先也。其曰"道便是太极""太极生阴阳"，终是有道而后有阴阳也。其曰"离了阴阳便无道"，其下以形影喻之，似又先有阴阳而后有道也。其曰"当离合看"，夫可离可合，终是道自道，阴阳自阴阳也。反复求之，不唯义有未明，而其为说亦自有不相合者。若其不立己见，只据圣人之言，以阴阳为道，则太极、性命、理气等名义，皆可一贯而无疑矣。②

程朱解释《易传》中"一阴一阳之谓道"，曰"所以为阴阳"，是将理放在阴阳之先，作为阴阳"之所以"运动的本体。朱子说"道便是太极""太极生阴阳"，即主张先有道而后有阴阳。朱子言应将阴阳与道离合看，这在苏原看来仍然是道自道、阴阳自阴阳，是将道与阴阳割裂开来。苏原认为如果程朱能够依据圣人之言，不另立己见，以阴阳为道，那么太极、性命、理气等都能一以贯之而不会有疑义了。

苏原于此处紧抓程朱论述中理气二分的主张，用其理为气之条理思想

---

① 吴廷翰：《吉斋漫录》卷上，《吴廷翰集》，第6—7页。

② 同上书，第6页。

加以批驳。同样地，在解释太极等范畴中，也渗透了这一思想。

## 二、气、心性一统

苏原在气的统摄下诠释心性话题。他在性气关系上也是以性气一统论来解释的。

> 生者，人之性也。性者，人之所以生也。盖人之有生，一气而已。朕兆之初，天地灵秀之气孕于无形，乃性之本；其后以渐而凝，则形色、象貌、精神、魂魄莫非性生，而心为大。其灵明之妙，则形色、象貌有所宰，精神魂魄有所寓，而性于是乎全焉。故曰：心者，生道也；性者，心之所以生也。知觉运动，心之灵明，其实性所出也。无性则无知觉运动，无知觉运动则亦无心矣。[①]

苏原从人的生理活动这一角度来讲性，有人的生命，才有人之性的实际存在。故人之性是人有生命的体现，是人的生命活动的根据，从而也决定了人生命活动的价值导向和性质内涵。苏原认为人之性是以人有生命为前提的，若无人的生命，也就无人之性了。人之所以生，乃是一气而已。故气是人有生、有性的根据。性的根本是天地灵秀之气所孕育而成，而后气凝为相貌、精神、魂魄等，人之性也就完备了。

苏原又认为人的生命，其最本质的根源是气。人从胎儿到长大，形体结构、相貌特征，乃至精神活动，都是气的作用。在人所有从气获得的要素中，心是最为重要的。心本质是灵明，是人的形体主宰，知觉运动的发生地。苏原认为：

> 然则何以能知觉运动？曰：知觉运动，气之良能。仁而不能，何以恻隐？义而不能，何以羞恶？礼而不能，何以辞让？知而不能，何以是非？故人之所以为人者，皆心之知觉运动为之，而心之所以能者，则性为之，但性不可见，因情而见耳。性发为情，而其能为才，若志

---

① 吴廷翰：《吉斋漫录》卷上，《吴廷翰集》，第27—28页。

意思虑，是又缘心而起，然亦莫非性之所为也。①

心是人有生命的标志，性是人心有生命的表征。知觉运动是心的灵明的体现和活动，是由性而来的。故无性也就无知觉运动，无知觉运动也就无心。知觉运动是指不学而能的良能，如人本就具有的仁、义、礼、智四德，发而为恻隐、羞恶、辞让、是非四端之心，此皆是心的知觉运动而使之如此的。而心之所以具有此种良能，是性的作为。性不可见，但其发为情，为才，则是可见的了。此外，志、意、思虑等也是因心而起，也是性的作为。

性者，生乎心而根于心者也。人之初生，得气以为生之本，纯粹精一，其名曰性，性为之本，而外焉者形，内焉者心，皆从此生。是形与心皆以性生。但心之得气为先，其虚灵知觉，又性之所以神明，而独为大体，非众形所得而比也，然与性并言，则不能无先后大小耳。但心之初生，由性而有，及其既成，性乃在焉。则心性遂若无所别矣，故曰"仁义之心"，以性之在心言耳。又曰："恻隐羞恶之心"，以情发乎心言耳。夫性既在心，则情亦发乎心矣。②

人初生时，得气为生的本原，其中纯粹精一者为性，性生于心而根于心。心与性之别，是心先性后，性大而心小。先儒张载、二程、朱子等认为"心统性情"，在苏原看来是不成立的："性生乎心而妙乎心者也，而岂心之所能统乎？"③因心从性而生，性制约了心的活动，故心不能统性。苏原以一比喻来解释，心为朝廷，性为人君，朝廷发号施令，人君主宰发号施令，怎能说朝廷统人君？

在性为气这一认识的基础上，又有：

其曰"相近相远"者，盖天之生人，以有此性也。性成而形，虽形亦性，然不过一气而已。其气之凝而有体质者，则为人形，凝而有

① 吴廷翰：《吉斋漫录》卷上，《吴廷翰集》，第28页。

② 同上书，第23页。

③ 同上书，第28页。

条理者,则为人之性。形之为气,若手足耳目之运动者是已。性之为气,则仁义礼知之灵精纯者是已。然而形有长短,有肥瘠,有大小,虽万有不齐,莫不各有手足耳目焉。故自圣人至于众人,苟生之为人,未有形之若禽兽也。其性之有偏全、有厚薄、有多寡,虽万有不齐,莫不各有仁义礼知焉。故自圣人至于凡人,苟生之为人,未有性之若禽兽者也,故曰"相近"。及乎人生之后,知诱物化,则性之得共全而厚且多者,习于善而益善,于是有为圣人者矣。性之得其偏而薄且少者,习于不善而益不善,于是有为愚人者矣。其间等第,遂至悬绝,故曰"相远"。相近相远,其义如此。[①]

气凝结而有形体成为人形,气凝结而有条理则是人性。性之气为灵觉精纯的道德。虽然人之形有长短、胖瘦等不同,性也有偏全等差别,但根本上人性是相近的。只是由于习于善而善,习于不善而不善,故人性有差别。又有:

凡言性,则已属之人物,即是气质。盖性字从心而生,乃人物之心之所得以为生者。人生而有心,是气之灵觉,其灵觉而有条理处是性。仁义,皆气之善名,故谓仁气、义气。气有清浊美恶,即仁义之多寡厚薄。其仁义之多而厚,即性之善;其薄而少有欠处者,亦未免有不善。故孟子性善之说,不若夫子之备焉。[②]

性有善和不善,由于禀气的清浊、美恶不同,仁气、义气多而厚则为性善,薄而少则不免性有不善。故孟子只讲性善,就不如孔子讲得那样完备。

性又有伦理之义,性中所有仁义礼智等,苏原亦认为是气之变化。

问:性何以有仁义礼智之名也? 曰:仁义礼智即天之阴阳二气,仁礼为气之阳,义智为气之阴。

---

① 吴廷翰:《吉斋漫录》卷上,《吴廷翰集》,第23—24页。

② 同上书,第25页。

苏原以仁礼为气之阳，义智为气之阴。此则有取于朱子。朱子认为："大抵人之德性上，自有此四者意思：仁，便是个温和底的意思；义，便是惨烈刚断的意思；礼，便是宣着发挥的意思；智，便是个收敛无痕迹的意思。性中有此四者，圣门却只以求仁为急者，缘仁却是四者之先。若常存得温厚的意思在这里，到宣着发挥时，便自然会宣着发挥；到刚断时，便自然会刚断；到收敛时，便自然会收敛。若将别个做主，便都对付不着了。此仁之所以包四者也。"[①]温和、宣着发挥为阳，惨烈刚断、收敛无痕为阴。苏原乃是沿着朱子之说延伸而来。

苏原以气来解释性，故其反对宋儒以天地之性、气质之性论人性。

> 问："何以有气质之性、天地之性？"曰："孔孟无是说也。盖性即是气，性之名生于人之有生。人之未生，性不可名。既名为性，即已是气，又焉有'气质'之名乎？既无'气质之性'，又焉有'天地之性'乎？盖缘孟子言'性善'，夫子言'相近'，求之不得，故以'善'为'天地之性'，'相近'为'气质之性'，以要其同，而不知其反异也。性一而已，而有二乎？"曰："然则何以明性之为'气质'也？"曰："孟子曰：'口之于味也，目之于色也，耳之于声也，鼻之于臭也，四支之于安佚也，性也，有命焉，君子不谓性也。'又曰：'仁之于父子也，义之于君臣也，礼之于宾主也，知之于贤者也，圣人之于天道也，命也，有性焉，君子不谓命也。'由此言之，耳目之类，虽曰气质，而皆天地所生；仁义之类，虽曰天命，而皆气质所成。若曰仁义之类不生于气质，则耳目之类不生于天地，有是理乎？故凡言性也者，即是'气质'。若说有'气质之性'，则性有不是'气质'者乎？"[②]

苏原认为性即是气，所以无须再有气质之性的称谓。在本即是气的东西前再加气质二字，是头上安头。无气质之性之称，也就无须再有与之相对的天地之性。先儒以孟子所谓性善为天地之性，而以人之生理本能为气质之性。其所说的天地之性是心之气的条理，气质之性是人之形气本有性质，两者皆以气为基础。故性没有不是气质的。

---

① 《朱子语类》卷六，第110页。

② 吴廷翰：《吉斋漫录》卷上，《吴廷翰集》，第28—29页。

苏原批评明道"论性不论气不备，论气不论性不明，二之则不是"为"未达之论"。明道虽讲性气不离不二，实则以性气为二。苏原说：

> 性即是气，论性即是论气；气即是性，论气即是论性。而以为不明、不备，其失在于以性为理，气为气，而不肯以性为气，故其言若是，安在其不二之也？①

明道此说之失在于以性为理，以气为气，以性与气为二物。但苏原却认为气即是性，性即是气，二者不分。在宋儒的理论中，理、性等为形而上的本体，而气、器为形而下者。各人之说虽有不同，但均将性与气二分。

尤为独特的是苏原以气会通孔子、孟子和告子的性论：

> 曰："孟子性善之说如何？""性善者，探其本原，则《易》'继之者善也'；指其发见，则'乃若其情则可以为善也'，此孟子言性之本旨也。然性之本虽善，而气之所为则亦有不善者；其发虽善，而流之所弊则亦有不善者。故曰：'若夫为不善非才之罪也。'然而以为非性则不可，是义也。孟子盖未及言之，以急于折辩告子耳。当时告子折于孟子，意未及伸，而其辞遂屈，亦以己原无真见。其实，告子指生为性，若得真见，则与孔子相近之旨无异。孟子主张性善，若无形色天性与口之于味二处互明，则亦岂能遽服告子乎？"曰："'生之谓性'之说如何？"曰："性者，人物之所以生，无生则无性。以生言性，性之本旨。人物之生，受气不同，则人有人之生，物有物之生，岂皆同乎？其理本明。但告子以杞柳、湍水言性，盖指气之偏且恶者言之，而此'生之谓性'，乃其误之根本。故孟子知其病之所在，而急以'生之谓性，犹白之谓白'者探之。使告子而曰'不然'，则白有不同，而生亦有不同矣。孟子虽辩，岂得而屈之乎？于此可见'不得于言，勿求于心'之失，而孟子'知言'之学，所以异于告子也。"②

---

① 吴廷翰：《吉斋漫录》卷上，《吴廷翰集》，第29页。

② 同上书，第29—30页。

孟子、告子关于性之辩，是儒学中重要的话题。苏原认为告子之说"语是而意非"，孟子之说则"义明而语未究"。孟子性善之说，在于探讨性的来源，关键在于"乃若其情则可以为善也"，情则是气的作用。孟子的落脚点在气。而告子"生之谓性"，若善加理解，其落脚点也是在气，可以与孔子"性相近"会通。只是告子只讲气之偏且恶的方面，如此则将人等同于禽兽，故其说就有了问题。如此，苏原将孔子、孟子、告子对性的看法用气会通。苏原之解说与传统解释很不一样，是一种独特的融通观点。

此外，苏原对于同是主张气论的宋儒张载的《西铭》也提出了不同看法。

> 《西铭》一篇，意思甚好，但首二句似未尽。盖"天地之塞"指"气"，"天地之帅"指"志"，是谓天地之气为吾之体，天地之志为吾之性矣。以体与性相对，尤为未伦；而以天地之心为人之性，亦非达理。夫天地生人，一气而已。谓"民受天地之中以生"，盖"中"即此气，即天地之性之所在也。以其全得不偏而言，故谓之"中"；以其不杂而言，谓之"善"，即"继之"之"善"；以其为有生而言，谓之"性"，即"成之"之"性"。其实即是此气，气以成性，而内焉则为人之心，外焉则为人之体。体者气之充，而心者气之灵，岂有二乎哉？①

张载的《西铭》认为人之形体是气，而天地之心为人之性，苏原认为这就有差错了。苏原认为天地生人，一气而已，气是人性的根源。在内是人之心，在外则是人之形体。《西铭》之误，在于未明心性之辩。

苏原以气言心性，对程朱学说有所批评，以至于对张载的气学也有不同看法。他说："所论与先儒不同处，只是以气即理，以性即气，此其大者。"②然而苏原批评的主要对象是陆王心学。

> 自陆子之学，有"先立乎其大者"与"求放心"云云，若独指心而言，已有独任本心之失。至其徒杨敬仲一误，遂至以心为性。而曰"道

---

① 吴廷翰：《吉斋漫录》卷上，《吴廷翰集》，第38—39页。

② 同上书，第33页。

心"，谓心即道也；"心之精神谓之圣"，谓心即圣也。夫以心为道为圣，而一切由之，以为言下有悟，心下自省，便即是道，便即是圣人。此非释氏明心见性成佛之旨而何？今之人好异自高，遂窃其说而张大之，曰"致良知"。而其徒从旁窃听，以为妙道精义；且指其一种虚闻虚见者即妙解神悟，学不知性而专认心，其流弊一至于此。然则心性之间，其儒释之辨欤？ ①

　　苏原对从陆九渊到杨简，再到王阳明及其后学的心性之学都提出了批评。陆九渊徒任心而遗漏性，苏原认为是与禅宗明心见性相同。同样，苏原也批评王阳明之学。阳明之失在以心为性，心中流出者即是性。这正好与苏原心生于性的观点相反。苏原认为心中有生于形气的恶，发于性者，可谓道心，而心中所潜伏的恶，也乘间而出。若一任心之所发，以为心之所发就是道，则有认贼作子之患。心中所流出者，需要察识辨别，孰为性之所发，孰为非性之所感，不然则流于猖狂自恣。

　　苏原之学继承了张载气学及朱子理学思想。尽管苏原对于朱子过于强调理的观点并不认同，但其理论思维的底子还是朱子之学。苏原对于理气等范畴关系的讨论是基于朱子之学而来的，并加以一定解构。在朱子学成为社会意识形态之后，这一做法使得理学转换理论思维形态，重新释放生命活力。

---

① 吴廷翰：《吉斋漫录》卷上，《吴廷翰集》，第34—35页。

# 第十二章　来知德

　　来知德（1525—1604），字矢鲜，别号瞿唐，明夔州府梁山县人。嘉靖三十一年(1552年)举人，屡上公车不第，便"杜门谢客，穷研经史"，隐居求志，著述为乐。其晚年，朝廷特授翰林院待诏，不赴，敕建"聘君仁里"石坊。

　　来知德著有《周易集注》《来瞿唐先生日录》等。

　　作为明代象数易学大家，来知德遵循朱熹融象数、义理于一体的治《易》理路，强调象数在注《易》中的重要性和价值，又注意发掘象数背后含藏的义理。他的理学思想承自程朱，但又秉持现实关怀，以错、综、变、中爻为主要解《易》体例，构建独具特色的易学体系。


## 一、论太极

　　易学中图的作用十分重要。瞿唐尤其重视易图的制作，其所作之太极图，有不少新的创意。

　　宋代以来，太极图基本上有两种类型：一是周敦颐的组合多圆形式的太极图；二是单圆形式的太极图。周敦颐以多个圆圈组合成太极图，是受了汉代五行及魏伯阳《周易参同契》的启发，融合了儒家易学，着重表现万物化生的过程，从图中可以知道太极阴阳变化生生之理。而单圆形式的太极图是一个圆形中有黑白二色回环交错，源自陈抟的先天易，下传至邵雍的先天易图，直至南宋蔡元定制作出来。此图则重在表现太极本身的性质是阴阳流转不息的，阴非绝阴，阳非绝阳，阴中有阳，阳中有阴。

　　至瞿唐则太极图又有新的创制。其图也可见瞿唐对于太极的认识。《集注》称"梁山来知德圆图"，即后世所谓"来氏太极图"。

　　　此圣人作易之原也。理气象数、阴阳老少、往来进退、常变吉凶，皆尚乎其中。孔子系易首章至易简而天下之理得，及一阴一阳之谓道，易有太极，形上形下数篇，以至幽赞于神明一章，卒归于义命，皆不外此图。神而明之，一部易经，不在四圣而在我矣。或曰：伏羲文王有图矣而复有此图何耶？德曰：不然。伏羲有图，文王之图不同于伏羲，岂伏羲之图差耶？盖伏羲之图，易之对待；文王之图，易之流行；而德之图不立文字，以天地间理气象数不过如此，此则兼对待流行主宰之理而图之也，故图于伏羲文王之前。[1]

流行者气　主宰者理　对待者数

　　瞿唐对于自己所创制的太极图是非常自负的，他认为自己的太极图是综合了伏羲、文王之图而成的，是超越了伏羲、文王之图的。瞿唐将伏羲氏之易限定在"对待"一义上，将文王之易限定在"流行"一义上。此说并不十分确切，但能够彰显瞿唐自己的学说。

　　"对待""流行"原是易学中本有之义。"一阴一阳之谓道"就是对于"对待""流行"的说明，阴阳相对待，又流行运转而成万物。朱子之弟子蔡渊在其《易象意言》中，以对待流行说来解释邵雍的伏羲八卦圆图和文王八卦圆图："天地之间，对待流行而已。易体天地之撰者也。故伏羲八卦圆图（天地定位，至水火不相射）以对待而作也。文王八卦圆图（帝出乎震，至成言乎艮）以流行而作也。伏羲六十四卦横图（始乾大有，终观比剥坤）以流行而作也。文王六十四卦横图（始乾屯蒙，终既济未

---

① 　来知德：《周易集注》。

济）以对待而作也。是知主对待者，必以流行为用；主流行者，必以对待为用，学者不可不察也。"①

而瞿唐承此说，并进一步将"对待""流行"分别合在"数"和"气"上来讲。"对待者数"，指卦爻之对待，均是一阴一阳之对待，这是数上的奇偶相对。"流行者气"，指天地万物变化运行之道，无非是一气之流行。瞿唐认为整个天地间都存在对待、流行，这也是周易书名之本义。

> 以易名书者，易字有交易、变易两义。交易以对待言，如天气下降，地气上腾也。变易以流行言，如阳极变阴，阴极变阳也。阴阳之理，非交易则变易，故以易名之。②

按此说，瞿唐认为阴阳非对待则流行，一阴一阳是对待，也是流行。

然而，为何有对待、有流行，其背后之原因何在？瞿唐则又概括出"主宰者理"，以理来主宰一切。这就有了来氏的太极三原理。

对于自己的太极图，瞿唐有过解说：

> 白者，阳仪也。黑者，阴仪也。黑白二路者，阳极生阴，阴极生阳，其气机未常息也，即太极也。其中间一圈，乃太极之本体也。③

图中白居于黑中，黑居于白中，即指阴中有阳，阳中有阴。黑中分太阴、少阴，白中分太阳、少阳，即指太极生两仪、两仪生四象、四象生八卦之义。阴阳二气生生不息，"其气机未常息"，即是太极。此处所说的"中间一圈，乃太极之本体"，是指太极的本然面貌，并未涉及以太极为整个宇宙的本体。

在瞿唐看来，太极是阴阳聚散流行变化的条理，太极之理不是凌驾于阴阳二气之上的本体。太极是最高的理。"太极者，至极之理也。理寓于象数之中，难以名状，故曰太极。"太极不但函气，而且函数。这个数并非独立之数，而是据形气而有之数，即数是阴阳之气和形物所具有

---

① 蔡渊：《易象意言》。
② 来知德：《周易集注》卷一。
③ 来知德：《重刻来瞿唐先生日录》内篇卷一《弄圆篇》。

的数量特征。① 瞿唐所讲的"主宰者理""对待者数""流行者气"三者是同一太极，三者合一，并无分别。

基于此种认识，瞿唐对于朱子、象山"无极而太极"的辩论评价道：

> 周子恐人认太极为有形之物，故曰无极。朱子与陆子因此二字讲几年、讲千万言。陆子说周子不是，朱子说周子是……其实周子加无极二字，无害。②

太极之理普遍存在于万事万物，"一物各具一太极"。万物所禀之理皆是对太极整体之理的完全朗现。瞿唐以树为喻，说明了太极之理的普遍性。

> 譬之于树，有一树之太极，有一枝叶之太极，有一花一实之太极，有华于春树之太极，有华于夏树之太极……故春夏秋冬之树皆有太极，故曰：一物原来有一身，一身还有一乾坤。故有终古之太极，有万年千年百年之太极，有十年之太极，有一年之太极，有一昼一夜之太极。③

每一事物都禀受太极之理，甚至每一事物的每一具体部分都完满禀受太极之理，太极之理亘古亘今，贯穿于事物之终始。

朱子将太极解释为形上之理，只涉及理气关系、理物关系，而不涉及气之流行和万物本身变化。瞿唐论太极，是在朱子之太极的基础上而有发展，强调太极之理的意蕴，但他同时强调太极也有气、象数的意蕴，即理、气、数构成一种共在。在瞿唐的论述中，太极是理、气、数三者合一，其内涵也更为丰富。


## 二、论气与阴阳

瞿唐将"流行者气"思想贯穿在注解六十四卦中，在各处注文中都可

---

① 来知德：《周易集注》卷十三。

② 来知德：《重刻来瞿唐先生日录》内篇卷四《入圣功夫字义》。

③ 同上。

见。周易六十四卦是对天地万物的模拟，故整个天地间都是遵循着这一原则的。

瞿唐在注《系辞》"是故刚柔相摩，八卦相荡。鼓之以雷霆，润之以风雨。日月运行，一寒一暑。乾道成男，坤道成女。乾知大始，坤作成物"时，说：

> 两仪配对，气通乎间，交感相摩荡也。唯两间之气交感摩荡，而后生育不穷。得阳气之健者为男，得阴气之顺者为女。然成男虽属乾道，而男女所受之气皆乾以始之；成女虽属坤道，而男女所生之形皆坤以成之。分之则乾男而坤女，合之则乾始而坤终，此造化一气流行之妙，两在不可测者也。①

天地间阴阳二气相互摩荡，方有万物生成，得阳气者为男性，得阴气者为女性。分开来讲，男为乾，女为坤。合在一起讲，则乾是开始，坤为完成。归结起来，这都是造化一气流行的奇妙结果。

瞿唐一直强调对待、流行二者不可或缺。天地万物，有其对待之体，方有流行变化之用。流行变化，有生成，也有消亡，万物因盈虚消长进退存亡而循环不已。

> 譬如天之与地，对待也；二气交感，生成万物者，流行也。天地岂先后哉？男之与女，对待也；二气交感，生成男女者，流行也。男女岂先后哉？②

如同天地、男女，不是分先后，有对待就有流行。

> 必有伏羲之对待，水火相济，雷风不相薄，山泽通气，然后阳变阴化，有以运其神妙万物而生成之也。若止于言流行而无对待，则男女不相配，刚柔不相摩，独阴不生，独阳不成，安能行鬼神，成变化，

---

① 来知德：《周易集注》卷十二。

② 同上。

*而动之，扰之，燥之，说之，润之，以终始万物哉？* [1]

对立的水火、雷风、山泽，由于相反，才有相济相通，而后有阳变阴化，有神化功能，生成万物。如果只有流行，而没有对待，有阳无阴，有阴无阳，刚柔不相摩，也就没有变化，万物也就不能生成。

瞿唐认为天地万物以太极之理为存在的最终根据，而天地万物具体情状的展开又是通过阴阳之气得以实现的。

何谓阴阳？瞿唐认为阴阳以气言。

*摩荡者，两仪配对，气通乎间，交感相摩荡也。唯两间之气交感摩荡，而后生育不穷……此造化一气流行之妙，两在不可测者也。* [2]

瞿唐造化元气虽只是一气，但其内有对立属性和功能，故而分判为阴阳二气。摩荡，就是阴阳二气在分判对待基础上的相互感应激荡。阴阳二气因相互对立而分判，但孤阴不生，独阳不长，阴阳二气相互吸引，相互交感，宇宙万物就在阴阳之气两相对待间的交感流行的过程中产生。

阴阳二气对待流行，循环往复，展现为纷繁复杂的形而下的具体世界。

阴、阳是气的两种属性，虽然可以说阴气、阳气，但绝不能把阴气、阳气截然分离为二，阴阳只是一气。

*天地虽分阴阳，止是一气，不过一内一外而已。一内一外即一升一沉、一盛一衰、一代一谢也。* [3]

瞿唐认为天地间只有一元之气，阴阳是一元之气内外升沉盛衰等对立属性的代表与统称。

阴阳又代表了一气的两种相反的运动趋势。

---

① 来知德：《周易集注》卷十二。

② 来知德：《周易集注》卷十三。

③ 来知德：《周易集注》卷五。

> 此一阴一阳之道，若以天地言之，自其气之嘘也，则自内而外显
> 诸其仁；自其气之吸也，则自外而内藏诸其用。[①]

在瞿唐的体系中，阴阳代表了一气的呼和吸两种相反的运动，除了表示卦爻属性之外，阴阳还代表两种相反相对的属性和功能，而且瞿唐认为赋予阴阳道德价值的含义。如以阴为小、为贫、为贱、为臣、为小人、为人欲，以阳为大、为富、为贵、为君、为君子、为天理等。

瞿唐关于阴阳之气对待流行变化之说，虽多承自前人，但将其纳入他的易象学体系，给他的易象体系以气化流行的宇宙论依据，又使得对待、流行之说有了切实的易象理论的支持。

## 三、论理气关系

瞿唐的易学走的是象学这一派路子。他主张理寓于象中，象是理存在的基础，认为理是不能脱离于象而独立存在的。

> 道器不相离，如有天地就有太极之理在里面。如有人身此躯体，就有五性之理藏于此躯体中。所以孔子分形上形下，不离形字也。[②]

理都是寓于形器之中，太极作为天地之理在天地之中，人的五性之理也在人躯体之中。所以孔子区分形上和形下，都是不离乎形的。瞿唐此说就是以形器作为理存在的载体。

气是属于器的范畴，瞿塘对于道器关系的认识同样反映在理气关系上。瞿唐又讲到"主宰者理""流行者气"，则他对理气关系的认识是十分明确的了。

在注《乾卦·象传》"乾道变化，各正性命，保合太和，乃利贞"时，瞿唐说：

> 物所受为性，天所赋为命。保者常存而不亏，合者翕聚而不散。太和，

---

① 来知德：《周易集注》卷十三。

② 来知德：《周易集注》卷十二。

阴阳会合，冲和之气也。各正者，各正于万物向实之初。保合者，保合于万物向实之后。就各正言，则曰性命，性命虽以理言，而不离乎气。就保合言，则曰太和。太和虽以气言，而不离乎理，其实非有二也。[①]

注《坤卦·象传》"至哉坤元"时，瞿唐说：

> 乾以施之，坤则受之，交接之间，一气而已。始者气之始，生者形之始。万物之形皆生于地，然非地之自能为也，天所施之气至，则生矣。[②]

由此可见，气是万物生成之材料，是形而下的。气是不离理的，气是依照理来运行的。理气不可分割，二者是统一体。

瞿唐在注《乾卦·象传》之"大哉乾元！万物资始，乃统天。云行雨施，品物流形"时说：

> 乾元者，乾之元也。元者，大也，始也。始者，物之始，非以万物之始即元也。言万物所资以始者，乃此四德之元也。此言气而不言形。若涉于形，便是坤之资生矣。
>
> 有是气即有是形。资始者，气也，气发泄之盛，则"云行雨施"矣。"品"者，物各分类，"流"者，物各以类而生生不已，其机不停滞也。"云行雨施"者，气之亨；"品物流形"者，物随造化以亨也。[③]

乾元乃天道之始，万物依据气而始有。气为资始者，气发泄出来，为"云行雨施"，万物流形生生不已。此处可见瞿唐之意侧重于以气为万物之本。

瞿唐对于乾坤二元的解释，以乾为天道，以元为大为始，以太和为阴阳会合冲和之气，以始为气之始，以生为形之生等，皆本于朱熹的《周易本义》。但又有不同于朱子之处。朱子以乾元为仁德、仁理，认为有生物之仁，万物方资气而始有。朱子主张以理为本。而瞿唐则解释此为

---

① 来知德：《周易集注》卷一。

② 同上。

③ 同上。

依天道而气化的过程，乾元是施气之始，故万物资始；坤元是地成形之始，故万物滋生。这里瞿唐抬高了气的作用和地位。

在理气关系上，瞿唐是肯定孔子，而不认同朱子说法的。他说："朱子云：'不言无极则太极同于一物，而不足为万化之根；不言太极则无极沦于空寂，而不能为万物之根。'若如此论，是孔子之言未明备，必俟周子之言始明备矣。盖孔子之言已明备无欠缺，包括无极在其中矣。周子恐人认错了太极二字为有形之物，故云无极，正所以解太极也。朱子说平了。"①朱子所讲之太极论与孔子所说有别，实际上是以无极来说明太极的无形。而瞿唐却认为朱子所说有所偏颇了，本就不需要将太极单独剥离出来成为形而上的理。瞿唐又说：

> 朱子说："未有天地之先，毕竟先有此理。"此句说得少差，有物方有理。程子说："在物为理。"说得是。②

瞿唐认为理存在于事物之中，有了事物才有事物之理，并认为太极与阴阳的关系不是本原与派生的关系，而是无所谓先后的。这是对朱子所讲太极论的质疑。瞿唐说："'《易》有太极，是生两仪'，不可执泥'是生'二字，盖无先后也。"③瞿唐认为，"自有太极含阴阳"④，太极包含了阴阳，但"阴阳浑沦，盖有不外乎太极，而亦不附乎太极"⑤，阴阳不依附于太极，不是太极的产物。这就与太极生阴阳的思想区别开来。

瞿唐在注《系辞》"原始反终，故知死生之说"时说：

> 人物之始，此阴阳之气。人物之终，此阴阳之气。其始也，气聚而理随以完，故生。其终也，气散而理随以尽，故死。说者，死生乃人之常谈也。⑥

---

① 来知德：《来瞿唐先生日录》内篇卷六《理学辨疑·太极》。

② 来知德：《重刻来瞿唐先生日录》内篇卷一《弄圆篇》。

③ 来知德：《重刻来瞿唐先生日录》内篇卷六《理学辨疑·太极》。

④ 来知德：《周易集注》末卷《心易发微伏羲太极之图》。

⑤ 同上。

⑥ 来知德：《周易集注》卷十二。

气聚而生，理已完备，气散而死，理亦散尽。人之理随气之聚散而生灭，理气合一，为一统一体。

瞿唐又在注《系辞》"一阴一阳之谓道"时说：

> 理乘气机以出入，一阴一阳。气之散殊，即太极之理各足而富有者也；气之迭运，即太极之理流行而日新者也；故谓之道。①

瞿唐认为理搭乘气而运作，其形式是一阴一阳。气散而为万殊，太极之理则随之而散于万殊之中。气在运行，太极之理也随之运转流行而日新。这一过程就是道。

此说又不同于朱子。朱子所说："此章言道之体用，不外乎阴阳，而其所以然者，则未尝倚于阴阳也。"②朱子以太极之理为本，未尝倚靠于阴阳二气。而瞿唐则以一阴一阳的运作过程为道，强调理气不离。

瞿唐受当时气学派影响，更加重视气的作用。

> 或问："朱子云天外无水，地下是水载；北溪陈氏亦云地是水载；不知是否？"曰："此正坐不理会造化大头脑也。地既是水载矣，水之外又何物耶？水之外如又是地，则地之外又何物耶？将振河海而不泄此一句说不通了。盖地虽如此厚载，周身全是气。
>
> 天才有此许大形体，就载得此许大水。五行金、木、水、火、土皆在天地之中，不出地之外……地在天之中周身都是气。"③

针对朱子及其弟子陈淳只讲"地是水载"，而不探究水产生的根源，瞿唐认为气是万物的本原，万物由气产生，水等五行之物均是气的产物。地由水载，而地如此厚载的原因则在于气，"盖地虽如此厚载，周身全是气"。地虽是水载，但水则由气产生。宇宙造化的本原就是气。金、木、水、火、土五行作为构成万物的材料皆在天地之中，不出地之外，而地在天之中，周身都是气，天地万物最终以气为本。这是与朱子的理本论

---

① 来知德：《周易集注》卷十二。

② 朱熹：《周易本义·系辞上》。

③ 来知德：《重刻来瞿唐先生日录》内篇卷六《理学辨疑·天地》。

不同的，亦是对理学的疑辨。

综上所述，瞿唐对于理气关系的认识，不少源自朱子之说。瞿唐承袭朱子学说，但却抛开了朱子理先气后之说，更强调理气合一而为太极，气是理存在流行的基础，由理本统摄气化，由气化显现理本。朱子虽坚持理先气后，但也曾说过："天下未有无理之气，亦未有无气之理。"①这是从不同角度而言的，在存有性上讲理和气是截然可分的，而就运行而言，则理和气是在运行中不相分离。中国传统并不注重解析思辨，故朱子之论实不易分别，更加上朱子用语也不十分严格，以致后人有误解。而这一误解也正好是后人可以突破创新之处。瞿唐理气论的突破就是在此处。

---

① 《朱子语类》卷一。

# 第十三章　高攀龙

高攀龙（1562—1626），字存之，又字云从，江苏无锡人，世称景逸先生，东林学派代表人物，"东林八君子"之一。

高攀龙自幼好读书，懂礼仪，万历十七年（1589）中进士，后被朝廷任命为行人司行人，执掌传圣旨、行册封等礼仪性的事务。万历二十二年（1594），高攀龙上疏指责王锡爵排斥异己，被贬为广东揭阳典史。半年后归乡，即连遭父母丧。此后在家乡讲学二十余年。在漆湖之畔建造水居，取名"可楼"，作为自己读书静坐的场所。万历三十二年（1604）与顾宪成等人发起重建了东林书院，并每年举行"东林大会"。天启元年（1621）重起进封为光禄少卿。后升任都察院左都御史，弹劾御史崔呈秀，开罪魏忠贤。高攀龙等人被罢官后，东林书院也被毁。天启六年（1626）魏忠贤下令派遣缇骑前来抓捕，高攀龙听闻笑说："吾视死如归，今果然矣。"后自沉于池塘，时年六十四。

高攀龙著有《高子遗书》12 卷等。

高攀龙之学，重视求静。认为学者要埋头读书，得义理培灌，同时默坐，消除妄念，凝定正气。故静坐读书是变化气质之方。其学以程朱格物为主干，融合阳明致良知，又参以李材止修，倡导格物知本之旨。

## 一、天地间浑然一气

景逸通过对前人学术思想的总结研究，将理学基本范畴归结为理、气、心、性四类。

景逸论气，多与心性合言。

　　学者于理、气、心、性，一一要分剖得明白。延平先生默坐澄心，便明心气，体认天理，便明理性。

　　彦文问："心与气，何以分别？"先生曰："心之充塞为气，气之精灵为心。譬如日广照者是气，凝聚者是心，明便是性。"①

　　景逸要对理、气、心、性等范畴分别清楚，这首先是要分别心、气。当年南宋学者李侗默坐澄心就是具体例证。李侗默坐澄心，是继承了杨时、罗从彦的默识静观。杨时提出对未发之中，要在"燕闲静一"中，也即平静、专一、无纷扰的状态下"身体之，心验之"，传到罗从彦那里主张静处观心，体验未发气象，并躬行以静坐。这就是道南学派的"静中体认大本未发"之说。这一派的学说是追求未发气象，包括追求圣贤洒落超脱的境界，也包括体悟含作为本体的天理。景逸继承此说，建立由心、气进而到理、性的功夫路径，故心气问题成为需要首先分别明白的问题。

　　天地间浑然一气而已，张子所谓虚空即气是也。此是至虚至灵，有条有理的。以其至虚至灵，在人即为心；以其有条有理，在人即为性。澄之则清，便为理，淆之则浊，便为欲。②

　　然则气与心何以别之天地间？充塞无间者，唯气而已。在天则为气，在人则为心，气之精灵为心，心之充塞为气，非有二也。心正则气清，气清则心正，亦非有二也。③

　　景逸承接张载的气学思想，以气为天地间唯一实体。此气具备虚灵和条理两个属性。气之虚灵表现在人上为心，气之条理表现在人上为性。天由气组成，人也由气组成。气在天称作气，气在人则称作心。因此天与心皆为气，所以非有二也。心与气是统一的两面，心和气是合二为一的。

　　心与气二者，一方面是相互联系的，即心之充塞扩充功能是由气造就，而气之精灵主导作用则凝聚于心。另一面又存在明显区别，即景逸

────────────

① 高攀龙：《会语》，《高子遗书》卷五。

② 高攀龙：《牛山之木章》，《高子遗书》卷四。

③ 高攀龙：《虽存乎仁者节》，《高子遗书》卷四。

所提出的比喻，将气之流动比作日光的普遍照耀，将心之主导比作凝聚为一的太阳。故气和心都具有流动洋溢、活泼呈现的性质，但形气情感发散于外，心思灵明凝神内观，二者虽有表里之差，但在默坐澄心的功夫中，都能够明觉尽悟。形气与心思的综合效用是明，明深刻揭示了照耀的本质，表现为澄明无杂的气象，同时也是"明心气"的内在目的。心、气范畴不足以揭示照耀的本质，故景逸进而由心气分别进入到性。

张载之气学，多讲气之条理，对于气之虚灵则不涉及。景逸则又加上气之虚灵，将心与气并提，这显然是受阳明学之影响。但景逸又提出天道、心、人是相贯通的，非有形上形下之区分。"气之精灵为心"，精灵指的是化生的主宰作用。故气的化生主宰作用，在万物创生过程中，凝结出人形体中的心。而"心之充塞为气"，道出了心的主宰作用若能完全展现，可以扩展到整个天地间，使心成为所有事物的主宰。心与气是合一的，但也有区分，主要在于气是无形无限的，而心则是气中最精灵的主宰。

太虚元气是无形的，可以创生具体有形的万物。当太虚元气凝结为人时，亦将其虚灵赋予人而成为人之心性。太虚元气中有条有理者，是气中之理。太虚元气中有条有理者在人为性。心是气之灵，所以心之灵可以以气直上际下。

景逸曾言：

> 天地之先，唯斯一气，万有大生，人为至贵。人生于寅，是谓厥初，有如婴儿，至静而虚。其心之灵，以气之直，上际下蟠，与天无极。[①]

此处，景逸认为天地未创之前只有一团混沌元气。此元气就是太虚。

> 翁曰："公近释《正蒙》且论太和，何如？"曰："张子谓虚空即气，故指气以见虚，犹《易》指阴阳以谓道也。"曰："即此便不是，谓气在虚空中则可，岂可便以虚空为气？"余曰："谓气在虚空中，则是张子所谓以万象为太虚中所见之物。虚是虚，气是气，虚与气不相资入者矣。"翁但曰："总不是，总不是。"余亦不敢与长者屡辩而止，

---

① 高攀龙：《寅直说》，《高子遗书》卷二。

因思学问从入之途不同，断无合并之理。吾儒以秩序命讨自然之天理为理，其自然之条理毫发差池不得处正是大觉，彼徒以此心之精灵知觉为觉，宜其认理为鹘突、为黑影，端绪迥然，安可以口舌争也？①

张载曾言："太虚无形，气之本体。"②景逸借此言以说明虚空即气。张载认为元气即太虚，是无形的形而上本体，其聚散只是形而下客体的种种变化。元气生化万物，乃是借由实有之气才得以达成的。景逸言"指气以见虚，犹《易》指阴阳以谓道也"，即是指透过具体之物可看到其中隐含太虚元气本体，明白具体形气是来自虚空元气。

太虚元气生化万物，是非常隐微地在变化。此种变化即传统儒家所谓"神"。景逸言：

> 生生之谓易，无刻不生则无刻不易，无刻不易则无刻不逝，所谓造化密移是也。在天地如此，在人身如此，在物物如此，但不可得而见，可见者无如川流，故圣人指以示人，云如斯夫者，正谓物物如斯也，此是人的性体。③

景逸以密移来说明"神"，表明太虚元气化生过程是神妙而不可言的。元气凝为形体时，"神"即转入形体中。

景逸又有言：

> 真元之气，生生无穷，一息不生便死矣。草木至秋冬凋谢，是霜雪一时压住，彼之生生无一息之停也。不然春意一动，其芽何以即萌。人之爪发，即草木之枝叶也。饮食是外气，不过借此以养彼耳。其实真元之气，何藉乎此哉？人之借饮食以养其身，即草木之滋雨露以润其根。④

---

① 高攀龙：《与管东溟虞山精舍问答》，《高子遗书》卷三。

② 张载：《正蒙》，《张载集》。

③ 高攀龙：《会语》，《高子遗书》卷五。

④ 同上。

景逸言真元之气生生无穷，指形上元气的生生作用在形下形体中，使得形体也各具其性。本体层面的元气是没有生灭的，景逸所言"一息不生便死"是就形而下之气而言的。形体有毁坏之时，故形而下之气是有死亡之日的，也即形体的表现会有穷尽之时。

在言气时，景逸区分了元气和形气。

> 王南塘先生言，可睹可闻皆气也。此句极妙。所谓野马氤氲亦云微矣，虽微，犹气也。神则无形之可见，但一属神，即是感底朕兆，动之几萌于此矣。寂然不动乃诚也。学问只到几处可知，几之上即不可知。①

景逸认为南塘所言的"可睹可闻皆气也"是指形而下层面的形气，而"野马氤氲亦云微矣，虽微，犹气也"是指形而上层面的元气。"野马"出自《庄子·逍遥游》，指无形无状的游气。元气之微，是指无限且不具明确形体，故可以化生出万殊的事物。

理气关系也是景逸所关注的重要问题。

> 理静者，理明欲净，胸中廓然无事而静也。气静者，定久气澄心气交合而静也。理明则气自静，气静理亦明，两者交资互益，以理气本非二。故默坐澄心，体认天理，为延平门下至教也。若徒以气而已，动即失之何益哉。②
>
> 仁义礼智，人与物一也，形气异，是以有偏全明晦之异。故曰：论性不论气不备，论气不论性不明。理之与气二之固不是，便认气为理又不可。③

基于以气为本，景逸提出理气本非二。理与气二之固不是，但是认气为理又不对。气是本体，而理在气中，并非本体，故气不是理。

景逸又言：

---

① 《尹文子·大道上》

② 高攀龙：《语》，《高子遗书》卷一。

③ 高攀龙：《答泾阳生之谓性》，《高子遗书》卷八上。

有友曰：罗整庵先生言：理气最分明，云气聚有聚之理，气散有散之理，气散气聚而理在其中。先生曰：如此说也好。若以本原论之，理无聚散，气亦无聚散。如人身为一物，物便有坏，只在万殊上论，本上如何有聚散？气与理只有形上形下之分，更无聚散可言。[①]

景逸对整庵关于理气关系看法做了一番解说。理在气中，但理气有分。从形而上本体层面来说，因元气和元气中之理都是无形状的，永恒存在，无法谈论其聚散问题，故理无聚散，气无聚散。景逸又言"气与理只有形上形下之分，更无聚散可言"，因理是气内在的条理，理气并无分开之时，故理气无聚散关系，只有形上形下的区分。

## 二、浩然之气和太和之气

浩然之气由孟子提出。景逸将"天地间浑然一气"和浩然之气结合在一起，但更多的时候讲到浩然之气，他是将其和道德修养联系在一起的。

从古圣人未曾说气，至孟子始说浩然之气，始说夜气，最为吃紧，何也？天地间浑然一气而已，张子所谓虚空即气是也。此是至虚至灵，有条有理的。以其至虚至灵，在人即为心；以其有条有理，在人即为性。澄之则清，便为理，淆之则浊，便为欲。理便是存主于中的欲，便是梏亡于外的。如何能澄之使清？一是天道自然之养夜气是也，一是人道当然之养操存是也。操者何志也？志，帅气者也。操存愈固，夜气愈清，夜气愈清，操存愈固，此是天人相合处。平旦几希，正见道心之微，操存舍亡，正见人心之危。若养之纯熟，莫知其乡之心，便是仁义良心更无出入可言。仁义良心便是浩然之气，亦无昼夜之别矣。[②]

景逸认为气是天地万物的本原，这个气也就是浩然之气。孟子曾指出浩然之气需要"配义与道"，表明浩然之气是具有道德意义的。故浩然之气更为重要的一面是道德之气。

---

① 高攀龙：《会语》，《高子遗书》卷五。

② 高攀龙：《牛山之木章》，《高子遗书》卷四。

人与物同一气也。唯人能集义，养得此气浩然，其体则与道合，其用莫不是义。故曰"配义与道"。①

人与物有相同之处，即皆为一气所生。但人与物又有不同之处，即人能"集义"，而物不能"集义"。此为关键。人能"集义"，可以养其道德之气，借此气扩充其形体中的道德，进而达到与天同的状态。

又有：

> 一念反求此，反求之心即道心也，更求道心转无交涉。须知动心最可耻，心至贵也，物至贱也，奈何贵为贱役？知言则知道，气自浩然，浩然之气即天也。天不动，故孟子不动心在善养浩然之气。若不知天，欲此心作得主定，如何可得？②

景逸认为道心就是反求之心，而反求之心就是孟子所言"反求诸己"之意。此即道德自我反省。

孟子言："夫仁，天之尊爵也，人之安宅也。莫之御而不仁，是不智也。不仁、不智、无礼、无义，人役也。人役而耻为役，由弓人而耻为弓，矢人而耻为矢也。如耻之，莫如为仁。仁者如射：射者正己而后发，发而不中，不怨胜己者，反求诸己而已矣。"③仁是人皆有之尊爵，仁也是人之安宅。故仁心是人之所以尊贵之因。人待人处世需要反求诸己之仁心，如同射箭时，射箭者需要先摆正自己的身子，才可以射中目标。景逸之道心即孟子所言之仁心。孟子以为人之所以尊贵因为人具有仁心。而景逸也认为当人动心时，即是甘心为外物所役使。此即是景逸所谓"贵为贱役"。那么要如何达到不动心？

景逸指出要不动心，即是"知言则知道，气自浩然，浩然之气即天也"。通过"知言则知道"，可以养浩然之气，最终达到"浩然之气即天也"之境界。

此说是对孟子学说的延续。孟子言："我知言，我善养吾浩然之

---

① 高攀龙：《语》，《高子遗书》卷一。

② 高攀龙：《语》，《高子遗书》卷一。

③ 《孟子·公孙丑上》。

气。"①孟子早就指出知言是养浩然之气的途径。

何为知言？孟子言："诐辞知其所蔽，淫辞知其所陷，邪辞知其所离，遁辞知其所穷。"②孟子认为知言就是听到偏执的言论，可以判断出发言者的心为何所遮蔽；听到放荡的言论，可以知发言者的心为何陷溺而不拔；听到混淆是非的言论，可以知发言者的心为何叛离正道；听到闪烁之言论，可以知道发言者为何穷于应对。外在之言论借由心所发，那就必以心来知言。若是一个人的言论出现诐辞、淫辞、邪辞、遁辞，即是由于心之失。故知言实则是知心，人们可通过知言而养浩然之气。孟子所说的直养，指的是人基于天所赋予的道德本性，率性修道，由内而外地养气。孟子虽然讲知言，实则是要求人知心。此心即是天所赋予的道德本心。景逸所谓"知言则知道，气自浩然，浩然之气即天也"就是孟子此意的延续和扩展。知道别人说话合乎道，是用自身心中的道德意识作出恰当判断，从中亦可看出自身心中是充满道德意识的。由于自身已养成浩然之气，故自身之浩然之气就等同于天。正如朱子所言："程子曰：'天人一也，更不分别。浩然之气，乃吾气也。'"③人心中道德意识充塞无间，与天之道德意识相同，即天人合一境界。

景逸又认为性乃成浩然者。

客问高子曰："何谓浩然之气？"高子曰："性也。"曰："性也，安得谓之气？"曰："养成之性也。性者，生理也。如草木焉，唯有性，故忽而根荄，忽而干叶，忽而花实也。实则成性而复生，或槁之，或戕之，则靡然萎矣。人之于性也，亦然养之，畅茂条达，则其气浩然塞乎天地，而性乃成浩然者，人之花而实者也。今天下之于性，人人能言之，然自幼而壮而老，不知性为何物，何怪乎与年俱尽，靡然为腐草朽木也乎哉？养之何如？曰直而已矣。直之谓集义，直之谓有事，直之谓勿正、勿忘、勿助长也。"忠余邹子以三勿名其居，而问说于龙，谨以对客者对。夫邹子之以是名居，是有志于性者也，是不忍于自槁

①　《孟子·公孙丑上》。

②　同上。

③　朱熹：《四书章句集注·孟子》第231页。

而自戕者也夫。然请自勿忘始，勿忘而后知所谓有事，所谓正助。[①]

客问浩然之气，景逸答性。客自然要问性与浩然之气间的关系，景逸便从养成之性说起。那何为养成之性？景逸之意是指性可以养成。如同其所举之例子："性者，生理也。如草木焉，唯有性，故忽而根荄，忽而干叶，忽而花实也。"性是万物的生理，即万物生生不息的原因。性是养成的，就如同草木一般，会长成根、叶、花。性是逐渐展开的，而非一次性展现。人养成其性，如同草木成长完成开花结果。

故在景逸看来，圣人才具有成性，即圣人之性才是完美的。圣人把道德意识完全表现在具体的行为上。但是圣人也并非生下来就有成性，其成性也是慢慢培养的，成性最终目的即是成圣。人在具有成性之后，就可以"其气浩然塞乎天地"。

景逸论浩然之气外，又提到太和之气。

> 洋洋乎盈眸而是者，何物也？易也。子与以浩然名气，先生以太和名易。浩然者，太和之充于四体。太和者，浩然之塞乎天地。匪是不为知道，不为见易，故曰：周公才美智不足称。[②]

孟子以"浩然"称呼气，而张载以"太和"称呼易。浩然之气强调的是太虚元气的道德义，而太和之气强调的是太虚元气的气化创生。

> 翁曰："公近释《正蒙》且论太和，何如？"曰："张子谓虚空即气，故指气以见虚，犹《易》指阴阳以谓道也。"[③]

张载言"虚空即气"，由此可说明太虚元气是本体。易是通过阴阳二气相荡而创生万物，此是易的创生功能。太虚元气生生不断创造万物，即易之生生。此太虚元气被称作太和之气，故张载以太和名易。

易是"洋洋乎盈眸而是者"，即指易是具体可见的。这与一般言易，认为其是形而上者不同。景逸说易是具体可见的，是指形而下之形气。

---

① 高攀龙：《三勿居说》，《高子遗书》卷二。

② 高攀龙：《圣贤论赞·横渠先生》，《高子遗书》卷三。

③ 高攀龙：《与管东溟虞山精舍问答》，《高子遗书》卷三。

而"浩然者，太和之充于四体"，浩然者是太和之气的创生作用在形气中的展现。又言"太和者，浩然之塞乎天地"，是指太和具有生生功能而能创生出具有道德意义的浩然这一具体形气。将所有个体的浩然之气合起来就能充塞天地，成为太和之气。

个体的浩然之气如何可以充塞天地成为太和？景逸曾言："天下原是一身，吾辈合并为公，即天下如一气呼吸。"①天下是由各个形气所组成，虽然个体的外形样貌都不同，但都是一气呼吸。景逸言"天下原是一身"，指天下所以个体都是由同一太虚元气化生而来。当太虚元气化生出各个形气之时，太虚元气中所具有的生生之德也凝结为个体之道德内涵。所以可以称天下一身，可以言天下是一气呼吸。天下每一个体都有维持生命的呼吸，这呼吸都来自太虚元气，故天下每一个体都可以一气贯通。这一看法实则是儒家万物与我为一看法的表现。

由此景逸又有"天与吾一呼吸"的看法。

> 高攀龙曰：吾作谱而滋惧也，夫谱以谱其可知者巳尔，由可知者推而上之何如也，祖也；由不可知之祖推而上之何如也，天也。然则吾之一呼吸而在吾之亲在也，吾亲之一呼吸而在吾之祖在也，吾祖之一呼吸而在不可知之祖在也，不可知之祖一呼吸而在天地始交之呼吸在也，呜呼严哉。吾之身即亲也，即祖也，即天也。吾之兄弟、吾之宗、吾之族，皆亲也，皆祖也，皆天也……呜呼严哉，夫天与吾一呼吸也，其感其应一呼吸也。②

人生于天。天地万物之祖就是气，此即人之祖先的由来，延续至我们这一辈。景逸又言："人之受气于天，犹子之受产于父。"③人受天之气而生，犹人之形体由父而来。呼吸是人生生不息的表现，与天同呼吸一气，也因此而人与天相感应。

---

① 高攀龙：《答刘心统二》，《高子遗书》卷八下。

② 高攀龙：《家谱·谱序》，《高子遗书》卷十。

③ 高攀龙：《书唯庵先生志铭后》，《高子遗书》卷十二。

# 第十四章　刘宗周及黄宗羲

有明一代，刘宗周是最后一位在思想上富有创造性的大儒。他代表了明清之交学术界对明代理学的总结。黄宗羲上承其师之说，同时又重视史学研究，下开清代义理学、实学之风气。

## 刘宗周

刘宗周（1578—1645），字起东，别号念台，浙江绍兴山阴人，因讲学于山阴蕺山，学者称蕺山先生。万历二十五年（1597年），中举人，四年后，中进士。任行人司行人，天启初为礼部主事，历右通政。因劾魏忠贤，削籍归。崇祯初任顺天府尹，上书忤逆权臣，谢疾归。再起授工部侍郎，累擢左都御史。又以论救姜采、熊开元，革职归。明亡后，福王监国，起原官，痛陈时政，为权臣所不容，乞骸骨归。杭州失守，绝食二十三日而死。

其著作颇富，有《刘蕺山集》十七卷，及《刘子全书》《周易古文钞》《论语学案》《圣学宗要》等。

蕺山少时受学于外祖父章颖，后师从湖州德清许孚远，与东林高攀龙相互切磋学问。蕺山之学本良知而倡慎独，统合程朱陆王和张载、王廷相之学，又开出了独特的理路。

## 一、盈天地间一气也

蕺山论道体，认为道体是宇宙万象的总体变化。而气是万物的始基，道就是阴阳二气的动静流行。气是天地间唯一的实体。

盈天地间一气而已矣。有气斯有数，有数斯有象，有象斯有名，有名斯有物，有物斯有性，有性斯有道，故道其后起也，而求道者，辄求之，未始有气之先，以为道生气，则道亦何物也？而能遂生气乎？[①]

盈天地间只有一气而已，而万事万物都是由气而生。气是最根本的存在，数是气的性质和运行规律，象是气凝聚成物而有的形象，名是据其形象而来的指称符号。物有了名表示其有了自身独特的性质，道则是事物不变的性质。在蕺山看来，没有气则没有道，有气而有名、物、性、道等。而气是终极存在。

一阴一阳之谓道，即太极也。天地之间一气而已，非有理而后有气，乃气立而理因之寓也。就形下之中而指其形而上者，不得不推高一层，以立至尊之位。故谓之太极而实本无太极之可言。所谓"无极而太极"也，使实有是太极之理，为此气从出之母，则亦一物而已。又何以生生不息，妙万物而无穷乎？今曰："理本无形。"故谓之无极，无乃转落注脚，太极之妙，生生不息而已矣。生阳生阴，而生水火木金土，而生万物，皆一气自然之变化，而合之只是一个生意，此造化之蕴也。[②]

道即太极。蕺山为了区别形下和形上，所以将太极、道推高一层，确立其至尊之位。太极乃无极，无形无相，是从形下而言的。理从属于气，有气之后才有了理。阴阳生水火木金土，生万物，皆始于气的变化。

张载有"太虚即气"之说，这对蕺山也有很大的影响。蕺山同样认为虚即是气。

或曰："虚生气"，夫虚即气也，何生之有？吾之未始有气之先，亦无往而非气也。当其屈也，自无而之有，有而未始有；及其伸也，自有而之无，无而未始无也。非有非无之间，而即有即无，是谓太虚，

---

① 刘宗周：《学言》，《刘宗周全集》第二册语类，浙江古籍出版社，2007年，第407页。
② 刘宗周：《圣学宗要》，《刘宗周全集》第二册语类，浙江古籍出版社，2007年，第230页。

是谓太极。①

戬山继承了张载太虚即气的看法，否认有绝对的虚无。气聚而为万物，万物不是从虚空中产生的，所以有而未始有。万物散而归于气，万物并不是真正消失，所以无而未始无。气是非有非无，也是即有即无。

戬山对于张载"合虚与气，有性之名"之说也提出不同看法。戬山认为气和虚是一物，本就不需言合。

戬山认为天地间万事万物都是由气生成的。

> 天枢万古不动，而一气运旋，时通时复皆从此出，主静立极之学本此。对诚通而言，则诚复为静，本一气之所从出而言，则通复皆属之动，盖生阳生阴，生生不息处，便是动，然而孰主张是？孰纲维是？②

《庄子·天运》提出"孰主张是？孰纲维是？"也就是问天地万物的运行和变化是谁在主宰的，谁在维系的？戬山的回答就是，天地间一气运旋，而气在运转过程中生阴生阳，生成万物。

> 阳主施，阴主化，天施而地生也，二气为主，五行变合，一施一化，是生万物。③

随着二气五行的相互变化而产生万物。万物都依靠气而来，没有独立于气之上的其他本原。气是万物产生的根源，即生成万物的本原。人也同样由气生成。

戬山认为气有精、粗之分，气有这两种属性故能生成不同属性的万物。

> 阴阳之气一也，而其精者则曰神与灵，其粗者则物而已。精气者，纯粹以精之气，道之形而上者是也。神者气之吐也，灵者气之含也，

---

① 刘宗周：《学言》，《刘宗周全集》第二册语类，浙江古籍出版社，2007年，第407页。

② 同上书，第378页。

③ 刘宗周：《曾子章句》，《刘宗周全集》第一册经术，浙江古籍出版社，2007年，第595页。

一精含吐而神灵分，灵亦神也。人物之生，莫不本乎阴阳之气。[①]

气之精者，生成神与灵。而气之粗者，则生成万物。人所得是气之精者最全，所以人成为万物中最具灵性的。人和万物的差别就在于得到的气在精、粗多少上的差异。

在蕺山的体系中，气又指无形的精神性存在，即包括天命流行之体和道德本心。此二者一是超越的道体，一是内在的本心。

《诗》云："维天之命，于穆不已。"气之本也。"诚者，天之道也。"勿忘勿助，敬之至也。"思诚者，人之道也。"[②]

"维天之命，于穆不已"指称形上本体，这就是气的本然状态。天命流行之体是气的本然状态。

蕺山又说：

孟子曰："我善养吾浩然之气。"浩然之气，即天地生生之气，人得之为元气而效灵于心，则清虚不滓，卷舒动静，唯时之适，不见其所为浩然者。及夫道义之用彰，而充塞之体见，浩然与天地同流矣……人人都有此浩然之气，只为此心稍有邪曲，则厌然消阻，虽咫尺不能通透，何况天地间。扞格既久，生机槁然，躯壳虽具，行尸走肉而已。[③]

蕺山认为"浩然之气，即天地生生之气""人得之为元气而效灵于心"。浩然之气人人都有，只是如果心有邪曲，此气便会"厌然消阻"、隐而不见。由此可见"浩然之气"就是先验的道德心。

由上可知，蕺山并没有对气作明确分疏，但其所讲之气有两重意义：一是如程朱那样，用气指形而下之存在；二是用气指形而上之本体，与道体、太极、本心等具有相同的意蕴。

---

① 刘宗周：《曾子章句》，《刘宗周全集》第一册经术，浙江古籍出版社，2007年，第595页。

② 刘宗周：《学言》，《刘宗周全集》第二册语类，浙江古籍出版社，2007年，第430页。

③ 刘宗周：《养气说》，《刘宗周全集》第二册语类，浙江古籍出版社，2007年，第314页。

## 二、阴阳太极

蕺山谈论阴阳，认为阴阳通常就是指气。因而在蕺山看来，阴阳也有形而上和形而下二义。

蕺山认为阴阳之气是流行化生之本原。故阴阳是形而上者。

> 如此生生不已，而一阴一阳之妙真有莫测其所在者，是以谓之神。神一道也，道一易也，易一心也，心一性也，性一善也。[①]

本体生生不息、神感神应表现为阴阳。此表现不是指形上之道在形下之气上的表现，而是指道体自身无所间隔地直接呈现出的自身。阴阳就是神，神即是道体自身。

> 盈天地间只此阴阳之理，皆我心之撰。偏触偏灵，全触全灵。[②]
> 只此动静之理，分言之是阴阳，合言之是太极，故曰一阴一阳之谓道。即分即合是太极，非分非合是无极，故曰阴阳不测之谓神。[③]

蕺山认为道体有寂然不动、贞一不二之性，可说其为阴之静；道体同时有感而遂通、妙用不息之性，可说其为阳之动。但阴阳只是分别地说，实质上阴阳是一体的两面，本身是一体，所以"合言之是太极"。分、合只是言说上方便，道体自身并无分合。因而，不能将为道体剖分为二，归并一起为太极。说分说合其实就是同一个道体，故即分即合是太极。分、合是一，又无所谓分、合，故非分非合是无极。

蕺山又将阴阳看作是中和。

---

① 刘宗周：《周易古文钞》，《刘宗周全集》第一册经术，浙江古籍出版社，2007年，第219页。

② 刘宗周：《论语学案》，《刘宗周全集》第一册经术，浙江古籍出版社，2007年，第352页。

③ 刘宗周：《学言》，《刘宗周全集》第二册语类，浙江古籍出版社，2007年，第377页。

盖止一喜怒哀乐，而自其所存者而言谓之中，如四时之有中气，所谓"阳不亢，阴不涸"是也；自其所发者而言谓之和，如四时之有和气，所谓"冬无愆阳，夏无伏阴"是也。由中达和，故谓之大本达道，只是一时事，所谓"动静一源，显微无间"者也。中为天下之大本，即隐即见，即微即显；和为天下之达道，即见即隐，即显即微，故曰"莫见乎隐，莫显乎微"，而独之情状于此为最真。盖"独"虽不离中和而实不依于中和，即"太极"不离阴阳而实不依于阴阳也。中，阳之动也；和，阴之静也。①

中和即喜怒哀乐"四气"的显微、隐见。中为阳之动，和为阴之静，则阴阳是指独的隐见、显微。

阴阳又是指形而下之物质。

清轻而气浮者阴与阳也，重浊而质凝者柔与刚也，妙合于气质之间而一理分见者，仁与义也。②

象莫大乎阴阳。一阴一阳为圣人立象之大义。有象斯有易，生者自生，成者自成，即圣人不得而知之。③

此处阴阳和柔刚，都是气质，是和仁义相对的。阴阳是象，故阴阳是形而下的。

蕺山所说之气、阴阳有形而上和形而下的区分，故在蕺山的思想中，太极和气、阴阳的关系也是复杂的。若是形而上的阴阳之气，太极与阴阳是同体异名的关系。若是形而下的阴阳之气，则太极是阴阳的本体，是阴阳之气流行化生万物的主宰和动能。

愚案：无极、太极，又是夫子以后破荒语。此"无"字是实落语，

---

① 刘宗周：《圣学宗要》，《刘宗周全集》第二册语类，浙江古籍出版社，2007年，第259页。

② 刘宗周：《易衍》，《刘宗周全集》第二册语类，浙江古籍出版社，2007年，第136页。

③ 刘宗周：《周易古文钞》，《刘宗周全集》第一册经术，浙江古籍出版社，2007年，第234页。

非玄妙语也。朱、陆之辩，在朱子以为太极之上必有无极，既不足以得《大易》之旨，而陆子以为太极之上决不当有无极，亦岂足以得周敦颐之旨。然象山曰："阴阳已是形而上者，况太极乎？"近之矣。①

戢山认为朱子主张太极本体之上还有一个无极，陆象山主张《太极图说》中"太极"二字之上不当有"无极"二字。戢山主张阴阳即太极，就是形而上的。而陆象山说"阴阳已是形而上者，况太极乎"，似乎阴阳与太极之间尚有距离，故戢山仅许其"近之"。戢山看来，阴阳是形上者，则其本身即太极。

戢山也并非将阴阳一律解读为形而上者，在他处，阴阳是形而下者。

> 《太极图说》言：太极生阴阳，阴阳生五行，五行生成万物，物钟灵有人，人立极有圣，圣合德天地。似一事事有层节，岂知此理一齐俱到？在天为阴阳，在地为刚柔，在人为仁义。人与物亦复同得此理，蠢不为偏，灵不为全，圣不如丰，凡不加啬。直是浑然一致，万碎万圆，不烦比拟，不假作合，方见此理之妙。②

此处，阴阳是形而下者，故太极则是阴阳之气流行化生万物的主宰和动能。

同样，气是具有形而上、形而下二义的。

> 盈天地间，一气也。气即理也，天得之以为天，地得之以为地，人物得之以为人物，一也。人未尝假贷于天，犹之物未尝假贷于人，此物未尝假贷于彼物，故曰："万物统体一太极，物物各具一太极。"自太极之统体而言，苍苍之天亦物也。自太极之各具而言，林林之人，芸芸之物，各有一天也。③

---

① 刘宗周：《周易古文钞》，《刘宗周全集》第一册经术，浙江古籍出版社，2007年，第235页。

② 刘宗周：《学言》，《刘宗周全集》第二册语类，浙江古籍出版社，2007年，第409页。

③ 同上书，第408页。

在这里，蕺山认为无论天、地、人、物，都只是气的变化而已。气是天地万物产生的本原。天、地、人、物之间都不是互相依赖而存在的。从万物统体一太极而言，天和物都源自同一个太极。从物物各具一太极而言，所有的人、物都各有自己的太极。本无实实在在的太极存在，说太极是为了区别形上与形下的关系。

### 三、气与理、心

对于理气关系，蕺山有自己的看法，对前人的说法有所扬弃。

他认为理气关系，并不是理生气，理不是凌驾于气之上的。只有用形上形下来形容理和气的关系才最为贴切。

> 理即是气之理，断然不在气先，不在气外。
>
> 或问："理为气之理，乃先儒谓理生气，何居？"曰："有是气则有是理，无是气则理于何丽？但既有是理，则此理尊而无上，遂足以为气之主宰，气若其所从出者，非理能生气也。"[1]

蕺山认为，气和理之间是包含和被包含关系。理是气之理，理完全被包含在气中。前人说理生气，那若没有气，理就不存在了吗？蕺山认为理处于最高地位，气是被理所主宰的，但是并非理生成气的关系。理对气有支配和制约作用，气在理的支配作用下运动而生成万物，但理是包含在气中的。

虽然理与气是有区别的，但二者不能被生硬分开。理不能离开气单独讲。

> 阳明先生曰："无善无恶者理之静，有善有恶者意之动。"理无动静，气有寂感，离气无理，动静有无，通一无二。[2]

理气不相离，是因为从根本上说理就是气。理是气的附属物，有气

---

[1] 刘宗周：《学言》，《刘宗周全集》第二册语类，浙江古籍出版社，2007年，第410页。

[2] 同上书，第440页。

才有理。

心与气的关系也是蕺山关注的问题。

> 通天地万物为一心，更无中外可言。体天地万物为一本，更无
> 本之可觅。①

蕺山提出"通天地万物为一心"，又提出"盈天地间一气而已矣"，此两说从字面上看是互相矛盾的。其实蕺山是从不同层面来说的。

> 人心一气而已矣，而枢纽至微，才入粗一二，则枢纽之地霍然散矣。
> 散则浮，有浮气，因以有浮质；有浮质，因以有浮性；有浮性，因以
> 有浮想。②

人的身体是由气组成的，人心作为身体的组成部分，自然也由气产生。这是从形而下的物质层面上讲心。气是构成一切的物质基础。

> 人生而有此形骸，蠢然者耳。有气以运行其间，而形骸之发窍始灵。
> 此一点灵气无所不有而实无一物可指，这便是天命之性。③

形骸泛指形而下的躯体和物质之心，而灵气是指道德本心，所以说"这便是天命之性"。

> 盈天地间只此阴阳之理，皆我心之撰。偏触偏灵，全触全灵。④

蕺山认为从形而上之心层面去说，心对阴阳之理有主宰作用，阴阳之理全凭心来主宰。阴阳之气与理都被包含在心中，成为心的属性，心

---

① 刘宗周：《学言》，《刘宗周全集》第二册语类，浙江古籍出版社，2007年，第394页。

② 同上书，第435页。

③ 刘宗周：《学言（补遗）》，《刘宗周全集》第二册语类，浙江古籍出版社，2007年，第480页。

④ 刘宗周：《论语学案》，《刘宗周全集》第一册经术，浙江古籍出版社，2007年，第352页。

凌驾于气之上。

> 此人心全体太极之象。浑然一气之中，而周流不息，二仪分焉。阳生于右，阳根阴也。阴生于左，阴根阳也。阴阳相生，禅代不穷，四气行于其间矣。又分之而为八、为六十四为四千九十六，至于无穷，皆一气之变化也，而理在其中矣。[①]

戳山把心体中的浑然一气，等同于太极之体。他说：

> 无善而至善，心之体也。
> 即周子所谓"太极"。太极本无极也。……
> 继之者善也。
> 阳之动也。乾知大始是也。
> 成之者性也。
> 静而阴也。坤作成物是也。
> ……
> 君子存之，即存此何思何虑之心。周子所谓"主静立人极"是也。[②]

在戳山最重要的著作《人谱》中，明确以心体为太极。心体的"主静立人极"之功相通于太极。此心之太极也含"动而阳""静而阴"之气。

> 一阴一阳，专就人心中指出一气流行不已之妙，而得道体焉。
> 如此生生不已，而一阴一阳之妙，真有莫测其所在者，是以谓之神。神，一道也。道，一易也。易，一心也。心，一性也。性，一善也。[③]

戳山所说的太极虽是一气的流行，但此流行并非气的流动，而是心

---

① 刘宗周：《读易图说》，《刘宗周全集》第二册语类，浙江古籍出版社，2007年，第127—128页。

② 刘宗周：《人谱》，《刘宗周全集》第二册语类，浙江古籍出版社，2007年，第3—4页。

③ 刘宗周：《周易古文钞》，《刘宗周全集》第一册经术，浙江古籍出版社，2007年，第219、221页。

体的流行，也是易体、性体的流行。

在蕺山看来，心不能离开气而独立存在，没有气，心就没有存在的根据，而心又充当着气的主宰。心不同于理，理只是气的运动规律的表现，而心具有主观能动性，是气的内在。

## 黄宗羲

黄宗羲（1610—1695），字太冲，号南雷，浙江绍兴余姚人。别号梨洲老人、梨洲山人等，学者称梨洲先生。"东林七君子"黄尊素长子，与弟黄宗炎、黄宗会号称"浙东三黄"。崇祯初，入京为父讼冤，出袖中锥刺阉党许显纯，由是渐知名。清军南下，召集组织"世忠营"与抗清义军呼应。失败后亡命海上。后隐居著书，屡次拒绝清廷征召。恢复证人书院，在各地设馆讲学。

其著作众多，一生著述50余种，300多卷，其中最为重要的有《明儒学案》《宋元学案》《明夷待访录》《孟子师说》《易学象数论》《行朝录》《今水经》《四明山志》等。

梨洲思想受其师刘蕺山影响甚大。梨洲关于理气心性、本体功夫等观点，对朱子和阳明学说的认识，都直接吸取蕺山之说。但不同于蕺山，梨洲重视史学，主张治经必兼，又反对空谈性命，提倡经世致用。

## 一、理气一物两名

明代以来，诸儒对理气关系的看法有了改变，逐步由理气合一于理走向了理气合一于气。黄梨洲在创作学案的过程中，对明代诸位儒家学者都有案语评价，其思维路线也受到他们的影响。

"理气关系乃学之主脑"[①]，只要理解了理气关系，就能顺利地解决诸如道器、心气、心性、心理等其他理学问题，而且也能妥善地解答天文、地理、音律、政治等方面的问题。

梨洲认为天地之间只有气，理是气自有的条理。

———

① 黄宗羲：《移史馆论不宜立理学传书》，《南雷诗文集》（上），《黄宗羲全集》第10册，浙江古籍出版社，1993年，第211页。

天地之间，只有气更无理。所谓理者，以气自有条理故立此名耳。故气有万气，理只是一理，以理本无物也。宋儒言理能生气，亦只误认理为一物。①

他认为理是气自身运行的条理，不是另有一个实体。因此理不是宇宙万物的本体。宋代儒学家误将理当作是一个实物，从而认为理是本体。

梨洲认为道、理都是借助形、气而立足，道不离形，理不离气。

道、理皆从形、气而立，离形无所谓道，离气无所谓理。天者万物之总名，非与物为君也；道者万器之总名，非与器为体也；性者万形之总名，非与形为偶也。知此，则道心即人心之本心，义理之性，即气质之性也。②

道、理不是在形、气之外的，而是在万物之中的。天是万物的总括，但不是超脱于万物之上的统领者。道是万物规律的总括，但不是与具体实物相对立的另一实体。性是对万物本质的总括，但不是与具体事物相对的另一事物。因此，道、理、性都不能作为宇宙万物的本体。

因而，梨洲提出理气是一物两名，而非两物一体。

理气之名，由人而造，自其沉浮升降者而言，则为之气，自其沉浮升降不失其则者而言则谓之理。盖一物两名，非两物而一体。③

梨洲认为理气的称谓，都是人来设定的。我们把沉浮升降的事物称为气，把沉浮升降不失其则的规律称为理。故理气就是一物两名。若像程朱那样讲理在气先，则将理气当作是两物了。

所谓理者，气之流行而不失其则者也。④

---

① 黄宗羲：《诸儒学案》，《明儒学案》卷五十，《黄宗羲全集》第8册，第487页。

② 黄宗羲：《子刘子行状》卷下，《黄宗羲全集》第1册，第252页。

③ 黄宗羲：《诸儒学案》，《明儒学案》卷四十四，《黄宗羲全集》第8册，第355—356页。

④ 黄宗羲：《江右王门学案七》，《明儒学案》卷二十二，《黄宗羲全集》第7册，第594页。

流行而不失其序，是即理也。①

梨洲认为理是气运行的条理。理不离气，有气必有理。故理不是一个实在的存在，而是气的虚灵之性。因而理是贯穿气聚散始终的。

> 盖以大德敦化者言之，气无穷尽，理无穷尽，不特理无聚散，气亦无聚散也。以小德川流言之，日新不已，不以已往之气为方来之气，亦不以已往之理为方来之理，不特气有聚散，理亦有聚散也。②

从气的本然状态来看，天地间只有一气一理，故气无聚散，理无聚散，这是讲气作为形而上的本体而言。从气的实然状态来看，气流行化生成具体的事物，气就有了聚散，而理也随之有了聚散。

宋以来学者常常讨论的太极，在梨洲看来就是理气合一的本然状态。

> 通天地，亘古今，无非一气而已。气本一也，而有往来阖辟升降之殊，则分之为动静。有动有静，则不得不分之为阴阳。然此阴阳之动静也，千条万绪，纷纭胶辖，而卒不克乱，万古此寒暑也，万古此生长收藏也。莫知其所以然而然者，是即所谓理也，所谓太极也。以其不紊而言，则谓之理；以其极致而言，则谓之太极。识得此理，则知"一阴一阳"即是"为物不贰"也。③

梨洲认为天地之间一气流行，气的升降往来决定着宇宙万物的变化。梨洲是就气言理，就理气合一言太极，强调理气不离不杂的关系。从根本上来说，太极是气。寓于气之中的理，是指所以然而然。称太极，则是强调太极是理气合一的极致状态或本然状态。

而周敦颐又有"无极而太极"之语，其中的无极，梨洲认为是有极之转语，是与太极重复的说法。

---

① 黄宗羲：《孟子师说》卷二，《黄宗羲全集》第1册，第60页。

② 黄宗羲：《河东学案上》，《明儒学案》卷七，《黄宗羲全集》第7册，第121页。

③ 黄宗羲：《附梨洲太极图讲义》，《周敦颐学案》《宋元学案》卷十二，《黄宗羲全集》第3册，第606页。

一曰太极为万物之总名。谓子曰"易有太极",周子则云"无极而太极"。无极则有极之转语,盖恐后人执极于有也。而后之人,又执无于有之上,则有是无矣。转云无是无,语愈玄而道愈晦矣。不知一奇即太极之象,因而偶之,即阴阳两仪之象。两仪立,而太极即隐于阴阳之中,故不另存太极之象。①

梨洲认为无极是强调太极是无形无相的,本是有无混一之体。阴阳两仪才是有形有相的。

宗兄谓阴阳二气,皆一理之散见,即是太极之昭著,以先师所云二气分,极隐于无形为非是。弟以为二气虽有形,然不可竟指二气为太极。程、朱言性不离气,不可指气即是性。当非太极隐于无形乎?宗兄举横渠有无不可以言易,故隐见亦不可言易。夫有无与隐见不同,尽天地间皆是理,以为无也,则鸢、鱼皆是,以为有也,则不睹不闻。故《中庸》言费而隐,费则不落于无,隐则不落于有。此张子之意也。②

太极与阴阳有隐显之分,不能简单地以阴阳为太极。说阴阳二气时,已经落于有形有相之中,不能正确表述有无混一的太极了。太极无形,但不可执着为无,太极散见于万物中,又不可执着为有。

梨洲以费隐妙合、有无合言讲太极即气,因而不是理生气,无生有。对于前人所说的有生于无的看法,梨洲是不认同的。

用微又言先儒云虚即是理,理生气,岂非老、庄虚无生气之说乎?故凡先儒之言气者,必曰本乎老,虚即是理。固未闻先儒有此言也。独不观张子曰:知虚空即气。则有无隐显,神化性命,通一无二。若谓虚能生气,则入老氏有生于无自然之论,不识所谓有无混一之常,则虚无生气之说,正先儒之所呵者,顾牵连而矫诬之乎?③

---

① 黄宗羲:《子刘子行状》卷下,《黄宗羲全集》第1册,第252页。

② 黄宗羲:《答忍庵宗兄书》,《南雷诗文集》上,《黄宗羲全集》第10册,第218页。

③ 黄宗羲:《与友人论学书》,《南雷诗文集》上,《黄宗羲全集》第10册,第147页。

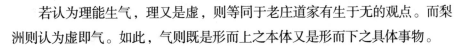

若认为理能生气，理又是虚，则等同于老庄道家有生于无的观点。而梨洲则认为虚即气。如此，气则既是形而上之本体又是形而下之具体事物。

基于理气是一物两名的观点，梨洲对一些前人的观点提出了批评。

> 其（曹端）辨太极："朱子谓理之乘气，犹人之乘马，马之一出一入，而人亦与之一出一入。若然，则人为死人，而不足以为万物之灵，理为死理，而不足以为万物之源。今使人骑活马，则其出入行止疾徐，亦有乎人驭之如何耳，或理亦然。"先生之辨，虽为明晰，然详以理驳气，仍为二之。气必待于理，则气为死物。[①]

曹月川已经提出朱子理乘气如人乘马的比喻有死人骑活马的倾向，不能展现理的能动主导性。但曹月川提出活人骑活马的比喻，认为理自能动静，梨洲认为他也没有跳出理气二本的认识。如果气要依赖理而有动静流行，则气又成死物了。

> （薛瑄）又言："气有聚散，理无聚散。以日光飞鸟喻之，理如日光，气如飞鸟，理乘气机而动，如日光载鸟背而飞，鸟飞而日光虽不离其背，实未尝与之俱往。而有间断之处，亦犹气动，而理未尝与之暂离，实未尝与之俱尽而有没灭息之时。"义窃谓，理为气之理，无气则无理，若无飞鸟而有日光，亦不可无日光而有飞鸟，不可为喻。[②]

对于薛敬轩关于理气关系的日光飞鸟之喻，梨洲认为其使得理气之间有了间断，这个比喻并不恰当。梨洲认为只有理气一物论才能真正解决理气二本的问题，无须探讨朱子所提到的理承气动、理弱气强等问题。

气流行化生成万物，万物各有其性。梨洲将宋以来理一分殊的看法加以改造，提出气一本万殊之观点。

> 盖一阴一阳之流行往来，必有过与不及，宁有可齐之理？然全是一团生气，此万有不齐之中，一点真主宰，谓之"至善"，故曰"继

---

① 黄宗羲：《诸儒学案上》，《明儒学案》卷四十四，《黄宗羲全集》第8册，第355页。

② 黄宗羲：《河东学案上》，《明儒学案》卷七，《黄宗羲全集》第7册，第121页。

之者善也"。"继"是继续，所谓"于穆不已"。及到成之为性，则万有不齐，人有人之性，物有物之性，草木有草木之性，金石有金石之性，一本而万殊，如野葛鸩鸟之毒恶，亦不可不谓之性。①

梨洲认为天地间一气流行，人和万物继善成性。一本指万物同来自一气，万殊指万物各有其性，万物之性各不相同。

> 若论其统体，天以其气之精者生人，粗者生物，虽一气而有精粗之判。故气质之性，但可言物而不可言人，在人虽有昏明厚薄之异，总之是有理之气，禽兽之所禀者，是无理之气，非无理也，其不得与人同者，正是天之理也。②

梨洲说人和物差别就在于所禀之气的差异。人禀气之精者而生，知觉灵明。物禀气之粗者而生。故人所禀的是有理之气，而禽兽所禀的是无理之气。此处的有理、无理只是强调人性和物性的不同，理是指道德伦理之理，并非指万物无理、无性。对"理"的这一用法也体现了中国哲学中范畴的多义性，而学者在使用时又不特别注意，可能会引发误解。但此处还是容易依据梨洲一贯的认识来判断，梨洲是以气之精粗来区别人和物之性的不同的。

在梨洲看来，理为气之理，性为气之性，不能离气言理，也不能离气言性。人和物禀气而生，所有的只是气质。

> 夫盈天地间，止有气质之性，更无义理之性，谓有义理之性不落于气质之性，藏三耳之说。③
> 气质之外无性，气质即性也。第气质之本然是性，失其本然者非性，此毫厘之辨即不可易也。④

---

① 黄宗羲：《孟子师说》卷三，《黄宗羲全集》第1册，第77页。

② 黄宗羲：《孟子师说》卷三，《黄宗羲全集》第1册，第135页。

③ 黄宗羲：《子刘子行状》卷下，《黄宗羲全集》第1册，第252页。

④ 黄宗羲：《侍郎杨晋庵先生东明》，《黄宗羲全集》第7册，第757页。

气质之外无性，没有另外一个义理之性。性乃万物禀赋的无形之理，不能离气言性。梨洲此说，是不同于程朱理学的看法的。梨洲认为程朱以义理之性不落于气质，是离气言性。义理之性不能离开气质而独立存在。朱子用理与气杂的气质之性讲人性，是将理与气分作两物来看。这和梨洲的观点是完全不同的。

梨洲认为人性本善，只是后天习性有善有恶，人因习成性，为善为恶。

> 程子曰："有自幼而善，自幼而恶，是气禀有然也。善，固性也；然恶亦不可不谓之性也。"张子曰："形而后有气质之性，善反之，则天地之性存焉。故气质之性，君子有弗性者焉。"愚谓气质之性，既是天赋，如何可反？若反之，反似为伪。盖天命至精，些少着不得人为，故人在陷溺之中，凭他搏噬纷夺，此一点良心，毕竟自要出头。如谓水本清也，以净器盛之则清，不净器盛之则臭，以污泥之器盛之则浊，本然之清，未尝不在，但既臭浊，粹难得清。果如是，则水一性也，器一性也。性之夹杂如此，安所谓"无极之真，二五之精"乎！先儒只缘认"习"字太狭，堕地以后之习无论矣。人乃父母之分身，当其在胎之时，已有习矣。不然，古人之言胎教何也？总之与性无与也。①

天所赋予人的性，纯善无恶。人后天习性自成胎之时起，而宋儒认"习"字太狭隘，所以会误将人的后天习性当作人性。

梨洲又区分了性和气质。性是气的中正之体，不偏不倚，无过不及，主宰气质的流行。气之流行有过与不及，故人的气质也有清浊刚柔之偏。

> 盖此气虽有条理，而其往来屈伸，不能无过不及。圣贤得其中气，常人所受，或得其过，或得其不及，以至万有不齐。故人受此过不及之气，但可谓之气质，不可谓之性。则只言气是性足矣，不必言气之极有条理处是性也，盖气之往来屈伸，虽有过不及，而终归于条理者，则是气中之主宰，故雨暖寒燠，恒者暂而时者常也。唯此气中一点主宰，

---

① 黄宗羲：《孟子师说》卷六，《黄宗羲全集》第1册，第138页。

不可埋没，所以常人皆有不忍人之心，而其权归之学矣。①

　　窃以为气即性也，偏于刚，偏于柔，则是气之过不及也。其无过不及之处，方是性所谓中也。周子曰："性者，刚柔善恶中而已矣。"气之流行，不能无过不及，而往而必返，其中体未尝不在。如天之亢阳过矣，然而必返于阴；天之恒雨不及矣，然而必返于晴。向若一往不返，成何造化乎？人性虽偏于刚柔，其偏刚之处未尝忘柔，其偏柔之处未尝忘刚，即是中体。若以过不及之气便谓之性，则圣贤单言气足矣，何必又添一"性"字，留之为疑惑之府乎？古今言性不明，总坐程子"恶亦不可不谓之性"一语，由是将孟子性善之在疑信之间，而荀、杨之说纷纷起废矣。②

性是气之中体，不偏不倚，主宰气质的流行。人的气质虽有刚柔之偏，但偏刚之处未尝忘柔，偏柔之处未尝忘刚，皆不失中正之体。

## 二、心气合一

梨洲论心气关系，以气为心的本原，以心为气的灵明，心气合一。所以有"盈天地间皆气也"，又有"盈天地间皆心也"。

人与天地万物同为一气所化，但天地无心而以人之心为心。

　　天地间只有一气，其升降往来即理也。人得之以为心，亦气也。气若不能自主宰，何以春而必夏、必秋、必冬哉！气即能主宰而灵，则理亦有灵矣。其在于人，此虚灵者，气也。虚灵中之主宰，即理也。③

梨洲认为人禀精气而生，凝聚成形以后，其知觉灵明的心即是气之灵处。对天而言，气之灵为理，对人而言，气之灵为心，因此心即气。

---

① 黄宗羲：《南中王门学案二》，《明儒学案》卷二十六，《黄宗羲全集》第7册，第701页。

② 黄宗羲：《南中王门学案三》，《明儒学案》卷二十七，《黄宗羲全集》第7册，第721页。

③ 黄宗羲：《崇仁学案三》，《明儒学案》卷三，《黄宗羲全集》第7册，第40页。

梨洲在论心性时，区分了心与性，以心为流行，性为主宰。

> 夫在天为气者，在人为心，在天为理者，在人为性。理气如是，则心性亦如是，决无异也。人受天之气以生，只有一心而已，而一动一静，喜怒哀乐，循环无已利奥，当其恻隐处自恻隐，当其羞恶处自羞恶，当其恭敬处自恭敬，当是非处自是非，千头万绪，轇轕纷纭，历然不能昧者，是即所谓性也。初非别有一物立于心之先，附于心之中也。①

他又说：

> 人身虽一气之流行，流行之中，必有主宰。流行不在主宰之外，即流行之有条理者。自其变者而观之谓之流行，自其不变者而观之谓之主宰。②

梨洲说，人既生之后，有知觉即有性，性是知觉作用的主宰。虚灵知觉之心是流行的一面，仁义礼智之性是主宰的一面，主宰不在流行之外，心即流行即主宰。性体生生不息的流行即是知觉灵明之心，知觉灵明之心的主宰则是性。性是心的生生之理，性体分明，则自然流行。心为流行，表现为心气的变化；性为主宰，主宰一定，即是仁义礼智之性。

梨洲又认为良知就是平旦之气。

> "平旦之气，其好恶与人相近也者几希"，此即喜怒哀乐未发之体，未尝不与人同，却是靠他不得，盖未经锻炼，一逢事物，便豁然而散，世人日逐于外，喘汗不已，竟无一安顿处，到得气机收敛之时，不用耳目，则葭管微阳，生意渐回。息，生也，"好恶与人相近"，正形容"平旦之气"。此气即是良知，不是良知发见于此气也。但是此气虚灵不昧，以之应事接物，则旦昼自然合节。朱子却云"夜气上未有功夫，只是去旦昼理会"，未免倒说了。"平旦之气"，即是寂然不动之体，乍见嘘蹴，

---

① 黄宗羲：《诸儒学案中》，《明儒学案》卷四十七，《黄宗羲全集》第8册，第408页）。
② 黄宗羲：《孟子师说》卷二，《黄宗羲全集》第1册，第60页。

即是感而遂通。"好恶与人相近"，即是喜怒哀乐之未发。感而遂通，即是发而中节。孟子指点出来，使人人可认，不堕有无两边。[1]

气为心的本原，心为气的灵明。故平旦之气就是良知，而不是从平旦之气中发现良知。此说不同于王阳明之说。王阳明以心为气的本原，以气为心的发用流行，是以心来解释气。

梨洲又提出养气即养心。此一说是梨洲从其师刘蕺山处承袭。

> 理不可见，见之于气；性不可见，见之于心；心即气也。心失其养，则狂澜横溢，流而失其序矣。养气即是养心，然言养心犹觉难把捉，言养气则动作威仪，旦昼呼吸，实可持循也。佛氏"明心见性"，"语言道断，心行路绝"，皆是也。至于参话头则壅遏其气，使不流行。离气以求心性，吾不知所明者何心，所见者何性。[2]

养心是比较难以把握的，而养气则有具体动作，可以操作。心即气，养气即养心。离气去求心性，容易偏离儒家，有陷入佛教明心见性的危险。

> 养气者使主宰常存，则血气化为义理；失其主宰，则义理化为血气，所差只在毫厘之间。黝在胜人，舍在自胜，只在不动心处着力，使此心滞于一隅，而堵塞其流行之体，不知其主宰原来不动，又何容废手脚也，只是行所无事，便是不动心。[3]

养气以养心，则主宰常存，血气化为义理；心失其养，则狂澜横溢，义理化为血气。梨洲认为不动心不是使心绝于外诱，枯槁壅塞，凝滞不动，而是使心有所主，行所无事，自然流行。不动心之不动，梨洲理解为确定。养气即养心，心事合一，使心与事保持不离不即的无执状态，才是孟子"不动心"的精义所在。

---

[1] 黄宗羲：《孟子师说》卷六，《黄宗羲全集》第1册，第138—139页。

[2] 黄宗羲：《孟子师说》卷二，载《黄宗羲全集》第1册，第60页。

[3] 同上书，第61页。

梨洲强调，养气要集义。

　　"集义"者，应事接物，无非心体之流行。心不可见，见之于事，行所无事，则即事即义也。心之集于事者，是乃集于义矣。有源之水，有本之木，其气生生不穷。"义袭"者，高下散殊，一物有一义，模仿迹象以求之，正是朱子所谓"欲事事皆合于义"也。"袭袭"之"袭"，羊质虎皮，不相黏合。事事合义，一事不合，则伎俩全露，周章无措矣。告子外义之病如此。朱子言其冥然无觉，悍然不顾，此世俗顽冥之徒，孟子亦何庸与之辨哉！故象山曰："读书讲求义理，正是告子外义功夫。"亦已深中其病。而朱子谓静坐澄心，却是外义，恐未必然也。①

　　孟子所讲"集义"即心事合一。心即气，气之行处皆是心，而心不可见，见之于事。心体自然流行，在事上即可得到义。心落实到事上就是落实到义上。

　　蕺山、梨洲之学宗旨是在协调程朱理学和陆王心学，最终形成一种不同于这两者的新的学说体系。蕺山之学对宋明理学作出反思创新，在思想上有不少创新，而梨洲则是基于师说而进一步对理学发展作梳理。梨洲在思想上继承延续了其师蕺山的理论宗旨，持理气心性合一观点，合理气而言心气、言心性。他们论气不同于以王浚川、王船山之学说为代表的典型气本论，而是在本体层面从气本论过渡到心本论。从源头上看，蕺山、梨洲之学是承袭源自湛甘泉之理气心性合一学，而不是阳明心学。

---

① 黄宗羲：《孟子师说》卷二，载《黄宗羲全集》第1册，第62页

# 第十五章　方以智

　　方以智（1611—1671），字密之，号曼公，又号龙眠愚者、鹿起等，法名弘智，安徽桐城（今安庆枞阳）人。少年时与陈贞慧、吴应箕、侯方域等参加"复社"活动，时称"明季四公子"。崇祯十三年（1640）中进士，选为庶吉士，后在京任工部观政、翰林院检讨、皇子定王和永王的讲官。李自成攻入北京时被执，后南逃。在南明永历朝任左中允，少詹事，翰林院侍讲学士，拜礼部侍郎、东阁大学士。后遭排挤，遂称疾屡诏不起。顺治七年（1650），被清兵擒之于广西昭平仙回山，清将为其折服，允其为僧，改名弘智，字无可。晚年定居江西庐陵青原山净居寺，自称极丸老人。康熙十年（1671）冬，方以智为粤事牵连被捕，解往广东，途经江西万安惶恐滩头，十月七日因疽发卒于舟中。

　　方以智学识渊博，通晓天文、物理、医药、书画、礼乐等领域知识。而当时西学东渐，方以智又广交西方传教士，学习和借鉴西方先进自然科学。方以智对西方自然科学认真揣摩、思考，不断和中国传统文化相结合。中年之后，方以智一贯主张会通三教。被迫出家后，仍没有放弃儒学的信念，试图探讨"三教为一"之理，以调和其矛盾的人生遭际，安顿自己的身心。

　　方以智一生著述有一百余种。其中广为流传的是综合性的名词汇编书目《通雅》和笔记《物理小识》。他后期著名的代表作《药地炮庄》和《东西均》中均体现了其"三教为一"的思想。此外，他还著有《易余》《切韵源流》等著作。

## 一、气与火

　　方以智对气的认知，源自张载的气本论。

天地间的一切存在，都可以归结为物，即方以智所说的"盈天地间皆物"。

> 盈天地皆物也。人受其中以生，生寓于身，身寓于世。所见所用，无非事也，事一物也。圣人制器利用以安其生，因表里以治其心。器固物也，心亦物也。深而言性命，性命一物也。通观天地，天地一物也。①

世间所有的东西都可归结为"物"。事，即所见所用，都是物。器，即用以安生之器，也是物。心，即用以治理之心，也是物。性命，也是物。方以智从此四方面来说明天地间一切都是物。其所言心亦物，意在说明人的思想器官是实在之物。性命一物也，意在说明人的存在与境遇也是实在之物。

方以智所言之物，本质上是将气作为物的实体。

> 一切物皆气所为也，空皆气所实也。②
> 质皆气也，征其端几，不离象数。③
> 虚固是气，实形亦气形凝成者。直是一气而两行交济耳。④

这种看法继承了历史上传统的气论思想。

方以智认为气作为万物本原，是永恒存在的，不生不灭的。

> 考其实际，天地间及有形者皆坏，唯气不坏。⑤

方以智认为气有多种表现形式。

> 气行于天曰五运，产于地曰五材，七曜列星，其精在天，其散在地，

---

① 方以智：《物理小识·自序》。

② 方以智：《物理小识》卷一《天类》。

③ 同上。

④ 同上。

⑤ 方以智：《东西均·所以》。

故为山为川，为鳞羽毛介草木之物，声色臭味别其端几。[①]

他说天地间万物都是气的各种具体表现。由气而化生出万物。精粹者是列星，粗笨者是山川动植物。各种内在属性和外部表现，都是气所为。

> 水为润气，火为燥气，木为生气，金为杀气，以其为坚气也，土为冲和之气，是曰五行。[②]

方以智认为五行也是气的不同表现。五行虽各有不同，但都展现了气的某方面特征。

> 气凝为形，发为光、声，犹有未凝形之空气与之摩荡、嘘吸。故形之用，止于其分；而光、声之用，常溢于其余。气无空隙，互相转应也。[③]
> 气凝为形，蕴发为光，窍激为声，皆气也。而未凝、未发、未激之气尚多，故概举气、形、光、声为四几焉。[④]

方以智认为气是一切有形之物的本体，气凝结为有形之物，蕴聚发射出为光，在空隙之处激荡而成声。气、形、光、声是四种基本形态。不过，需要注意的是，此处所说之气与万物的本原之气是不同的。气、形、光、声之气是具体之物，是万物本原之气化生而成的。方以智所说之气，是指细微不可见的空气。在中国哲学中，这两种气是不做区分的。气这个范畴本身就是多层面含义的，在具体之气和万物本原之气这两者间自由过渡也是很容易的，方以智也没有仔细区分。

方以智又提出火为万物的本原。宇宙万物都在不断运动变化中，其运动的根源是火。

在《五行尊火为宗说》中，方以智提到：

---

① 方以智：《物理小识·总论》。

② 方以智：《物理小识》卷一《天类》。

③ 同上。

④ 同上。

　　火为五行之至神，非同木土金水之成形也。世但知火能生土，不知火能生金、生水、生木。盖金非火不能生成，水非火不能升降，木非火不能发荣。《易》称乾为龙。龙，火之精也。五行之精，唯龙神变。故有火龙、土龙、金龙、水龙、木龙。今之土中石中金中海中树中，敲之击之钻之，无不有火出焉。则此火能藏神于万物，而又能生物也。[①]

火能改变他物，火本身蓄有能量而能蕴发为其他物质。

然而方以智又认为火与气是一物。

　　火与气，一也。仙经谓药即火，火即药，譬如水本寒流，过极则凝而不流，为层冰矣；解则复常，非二物也。[②]

火和气是一，火是气的表现形态。气侧重在表现物的构成元素，而火则侧重在表现物的动能和相生相克的因素。现实中具体的物由气构成，而这些物的运动变化则是通过五行来实现的，五行中则是火最为重要。

方以智认为宇宙万物，都处在不断的运动变化中。运动的根源在于火。

　　动皆火之所为。[③]

　　凡运动，皆火之为也，神之属也。下袭水土，凡滋生，皆水之为也，精之属也。[④]

　　气动皆火，气凝皆水，凝积而流，动不停运。[⑤]

方以智这一观点，源自元代医学家朱震亨和方以智自身家学。朱震亨提出过"天恒动，人生亦恒动，皆火之为也"[⑥]。方以智祖父方大镇则

---

①　方孔炤：《周易时论合编》，《续修四库全书》第15册，第40页，上海古籍出版社，1995年。

②　方以智：《物理小识》卷三《人身类》。

③　方以智：《物理小识》卷一《天类》。

④　同上。

⑤　方以智：《物理小识》卷三《人身类》。

⑥　方以智：《物理小识》卷一《天类》。

指出"满空皆火，物物之生机皆火也，火具生物、化物、照物之用"①。但方以智在这基础上又有新的认识，认为"水火两行交济"。

> 《易》曰"一阴一阳之谓道"，非用二乎？谓是水火二行可也，谓是虚气实形二者可也。虚固是气，实形亦是气所凝成者，直是一气而两行交济耳。②
>
> 道以阳气为主，人身亦以阳气为主。阳统阴阳，火运水火也。生以火，死以火，病生于火，而养身者亦此火。水火交济，主之者心。火无体而因物为体，人心亦然。③

方以智认为水与火分属阴阳二气，是气的两种不同性质的表现形式。水火是相反相成的。水火相交相济，才能维持天地间的正常状态。

> 人以水生，以火死。盖以水火交而生，以水火济而养，以水下流火上炎而死也。天地开时，初有水荒，天地坏时，火急生风而吹坏矣。④

在方以智的体系中，水与火是相对的，火是气的动态，水是气的静态，火为阳而水为阴。天地间以阳气为主，故在水火二者中火是主。

火之所以能够有"至神"的品质，不仅在于它不像木、土、金、水那样有着具体的形状，而且与它能够生成其他四行的有着直接关联。内丹学者认为后天八卦中，坎卦在子宫，即天一生水，阴气先于阳气而生。坎卦中的阳爻，是天地之心，火由此而生。

方以智认为有真火和邪火之分："所谓法界圣凡，同是此心所造，须当辨其邪火、真火。须知性空真火，性火真空，则知薪尽为火传，灯传为命续矣。五德，有形有神。形也，土分之则崩，金分之则缺，水分之则绝，木分之则折，独火为神，愈分愈多，愈聚愈胜，愈与愈有，愈传

---

① 方以智：《物理小识》卷一《天类》。

② 同上。

③ 同上。

④ 方以智：《物理小识》卷二《地类》。

愈久，此向上不传之称，所以分灯列焰而传乎？"①五行之德，形神兼备。就行而言，五行遭遇分割时，则会有土崩、金缺、水绝、木折，唯独火是越分越多。

方以智所处时代已经是中西文化开始碰撞的时期。利玛窦曾提出五行、四行和四大之间的争论。利玛窦认为中国的五行和印度的四大学说存在不足："释氏，小西域人也。若已闻太西儒所论四行而欲传之于中国，谓地、水、火、风为'四大'也。然吾太西库儒唯名之四大体焉。盖天下、海内、海底通为土一体也，天下江河连四海并为水一体，自水地至火处，其中所谓空者共为气一体。夫气以上其余空届月天皆为火一体也。"②利玛窦推崇的"四元行"是指火、气、水、土，认为"四大"之说很可能是佛教对"四元行"学说的仿造。利玛窦认为中国传统的五行学说也存在问题，"五行相生"的次序没有任何经验层面的依据，而五行本身的合理性也值得怀疑。利玛窦否认金、木具有"元行"的资格，理由就是万物很少是由金、木构成的。

方以智也参与讨论了这一问题。他尝试协调四行、四大和五行之间的争论。他认定阴阳五行都是气化的特殊形式，印度的四大，即地、水、火、风，也是气化的产物，地就是凝气成形的土，水、火就是燥湿之气，风是气运转的产物。四元行是指气、水、火、土，其中的气是指尚未凝形的气，而水、火、土则是凝气成形的产物。方以智试图调解"四行""四大"与"五行"之间的冲突，但是显然这种调解还是流于表面，其背后的佛教、基督教和儒家的差异尚未完全调和。

方以智论气与火，以火来解释万物运动的原因。这是方以智对传统气论的新发展。他借鉴了前人五行尊火的观点，将火结合到气论中，从材质及其发生作用的性质和方式两个层面解释万物的化生运动。

## 二、通几

方以智之学，专注于宇宙本原和万物存在运动规律研究。方以智认

① 方孔炤：《周易时论合编·图象几表》卷一，《续修四库全书》第15册，第40页，上海古籍出版社，1995年。
② 利玛窦：《乾坤体义》卷上，《四库全书》，第787册，第763页。

为一切事物都由气构成，气并非杂乱无章的存在物，而是蕴含着天然秩序的。这是其所提出的通几所要关注研究的。方以智最终采用易学来辅助研究，以太极作为开端，运用象数和义理解释天地间的诸多现象。

方以智之学，涉及面甚广。他对各种学说做了区分：

> 考测天地之家、象数律历、声音医药之说，皆质之通者也，皆物理也；专言治教，则宰理也；专言通几，则所以为物之至理也，皆以通而通其质者也。①

有关自然现象的学说可称为物理，有关社会现象的学说可称为宰理，而物理和宰理的终极根据则可称为通几。

而对于通几，方以智认为：

> 通观天地，天地一物也。推而至于不可知，转以可知者摄之。以费知隐，重元一实，是物物神神之深几也。寂感之蕴，深究其所自来，是曰通几。物有其故，实考究之，大而元会，小而草木鑫蠕，类其性情，微其好恶，推其常变，是曰"质测"。②

通几一词中的"几"，本于《周易·系辞》"圣人所以极深而研几也"。通几即是把握事物的深微方面，把握蕴藏在事物中支配事物性质、运动的所以然。从事自然现象研究的学者，要进行质测。大到宇宙演变，小到草木昆虫的生活，对天地间一切都要考究其性质、活动和常变，这就是质测。

方以智提出"所以"这一范畴，用以表达根源性范畴共同的形而上意义。

> 生生者，气之几也，有所以然者主之。所以者，先天地万物，后天地万物，而与天地万物烟煴（氤氲）不分者也。既生以后，则所以者即在官骸一切中，犹一画后，太极即在七十二、六十四中也。于是

---

① 方以智：《文章薪火》，《通雅》卷首三。
② 方以智：《物理小识·自序》。

乎六相同时，世相常住，皆不坏矣；称之曰"无二"。①

"所以"虽超乎万物之上，然而又在万物之中。"所以"，是主宰把控气的。在气化生万物后，"所以"就在万物中。

可见，"所以"并不是另一个根源本体，而是从虚的层面对根本性范畴的概括。

那这个宇宙最终是如何构建的，方以智借助易学来展开。

事物之理可以概括为理、数、象、气，即可用这四者去解释宇宙万物。气化是宇宙万物构成的生命之流。生命可以分解为数，数可以衍变为理。圣人超越常人的地方就在于能够充分把握这个衍变过程。

> 愚故为象数雪屈曰：理与象，气与形，皆虚实、有无之两端而一者也。气发为声，形托为文，象即有数，数则可记。②

方以智强调，在探讨理与象、气与形之间的关系时，必须沿用处理易学中处理虚实、有无之间关系的方法，面对这些差异。气的发作，表现为声。事物的形，表现为文。事物只要呈现为象的形态，人们就能以数的形式对其加以认识和把握。

宋代以来，太极是学者讨论的关注范畴。方以智认为太极这一范畴的存在是为了协调有无之辩。为了对太极的内涵和功用加以说明，就要借助象数。方以智认为周敦颐最明了《系辞传》所勾勒的宇宙衍化过程。周敦颐所作《太极图说》是从太极开始，衍生万事万物，在具体事物中体现纯善的超越的"一"。这个化生过程就是从"无"到"有"的转化。

> 《通书》因直下之有，推太始之元，以为自无生有，故曰"无极而太极"，而动静阴阳，而五行、四时矣，非欲表两极也，其曰"阴阳，一太极也；太极，本无极也"。愚即此阐之而明矣。一不住一之阴阳，即《礼运》所云"本于大一，分而为天地"者也。五行、四时，从此万有，皆一有俱有者也。直谓阴阳为有极，可也。有极与无极相待，轮漫而

---

① 方以智：《东西均·所以》。

② 方以智：《东西均·象数》。

贯其中者，谓之落有，不可也谓之落无，不可也。故号之曰太极。[1]

《通书》中讲万物都是本于太始之元，是一有俱有的。这个太始之元就是一，就是太极。有极与无极一样，都是从不同侧面对太极作出描述。尽管二者构成对待，但是太极并不是偏重于有、无之中的任何一方。如若偏于有，则为落有。如若偏于无，则为落无。无论落有还是落无，都是对太极的曲解。太极不落有无才是正确的认识。

方以智对太极又有过描述：

> 不落有无又莫妙于《易》矣。太极者，先天地万物，后天地万物，终之始之，而实泯天地万物，不分先后、终始者也。生两而四八，盖一时具足者也。自古及今，无时不存，无处不有，即天也，即性也，即命也，即心也。一有一画，即有三百八十四，皆变易，皆不易，皆动皆静，即贯寂感而超动静。此三百八十四实有者之中，皆有虚无者存焉。孔子辟天荒而创其号曰太极。太极者，犹言太无也。太无者，言不落有无也。后天卦爻已布，是曰有极，先天卦爻未闻，是曰无极。二极相待，而绝待之太极，是曰中天。中天即在先、后天中，而先天即在后天中，则三而一矣。[2]

方以智以太极作为本体，并认为太极和万物并不是时间上有先后的生与被生的关系，而是一般与个别的关系。说太极先天地万物，是从太极作为天地万物的依据层面而言的。说太极后天地万物，是从太极作为具体存在而言的。太极是抽象的、无具体形状的，泯天地万物。同时太极又是具体的、实在的，是与万物同时一有具有的。太无，表明太极是本体，不落有无的。故太极相对于先天后天而言就是中天，中天是表示先天即在后天中。

由此可见，方以智认为太极是本体，不同于气、火作为本原。他以"所以"为视角，构建了一个本体论体系。太极和所以是不同的称谓。

---

① 方以智：《易余·太极不落有无》。

② 方以智：《东西均·三征》。

侧重于本体层面则称为太极，侧重于根据层面则称为所以。太极就是最高的所以。

> 推论所以，始以一卵苍苍而为太极壳，充虚贯实，皆气也。所以为气者，不得已而呼之。因其为造化之源，非强造者，而曰自然。因其为天地人物之公心，而呼之为心。因其生之所本，呼之为性。无所不禀，呼之为命。无所不主，呼之为天；共由曰道；谓于事别，而可密察曰理。[①]

一卵苍苍，即浑天说中所指之宇宙。宇宙间皆是以气充实，气即所以。因所以为万物的根据，为造化之源，其对万物的支配是无意志的，故又称为自然。所以又以公心对待万物，无轻重之别，故又称为心。所以又是万物之本质属性，故称为性。所以还有命、天、道、理等名称。

---

① 方以智：《易余·目录》。

# 第十六章　王夫之

有明一代，论气范畴必不可绕开之学者即是王夫之。王夫子之学被认为是气学发展之巅峰，是对于明代气范畴的总结性之论说。

王夫之（1619—1692），字而农，号姜斋、又号夕堂，湖南衡阳人。晚年王夫之隐居于石船山，著书立传，自署船山病叟、南岳遗民，遂被称为船山先生。他自幼跟随自己的父兄读书，十四岁中秀才，崇祯十五年（1642年），二十四岁的他中举人。张献忠曾邀他参军，他自伤肢体以拒。明亡后，和友人管嗣裘一起在衡山起兵抗清。兵败，逃到广东肇庆，效力于南明永历政权。后因不满永历政权里官员结党争权，而上书弹劾权臣，被捕下狱。被救出后，流亡于湘南郴州一带。晚年隐居在衡山石船山麓，勤奋著述终其身，共计成书数十种，达300余卷。

其著有《周易外传》《思问录》《老子衍》《庄子通》《尚书引义》《永历实录》《春秋世论》《噩梦》《读通鉴论》《宋论》等，后人将其著作汇编为《船山遗书》。

## 一、论气

船山论气，继承改造了张载的思想。气在船山的思想体系中的含义是复杂的，往往在不同的场合中意义不尽相同。但船山论气始终贯彻一根本认识，即宇宙万物都是一气。

张载提出"太虚即气"。对于太虚，船山指出其两层含义：一是指宇宙空间，二是指万物形而上之本体。而船山在将太虚作为万物形而上之本体时，是指气而言。此气即元气。

人之所见为太虚者，气也，非虚也。虚涵气，气充虚，无有所谓无者。①

阴阳二气充满太虚，此外更无他物，亦无间隙，天之象，地之形，皆其所范围也。②

船山指出，太虚并非只是一广大虚无的宇宙空间，空无一物，而是充满着气的。整个虚空就是气，而不是所谓的无。这个气充满整个宇宙空间，并无空隙。

船山又说：

虚空者，气之量；气弥纶无涯而希微不形，则人见虚空而不见气。凡虚空皆气也。③

他认为气本身在形成具体的万物之前是无形的，希微不可见的，故人们只看到虚空，而未曾看到气。但其实气弥漫充盈无涯，不存在绝对的虚无。太虚就是气。船山认为气是宇宙万物的本体，宇宙万物都是气化的结果。

太和絪缊为太虚，以有体无形为性，可以资广生大生而无所倚，道之本体也。④

太虚是现实世界一切的形而上根源，能够赋予万物意义，即是本体。可见船山并不仅仅将太虚即气当作物质之气，而且是作为万物形而上之本体。

船山时常将絪缊与太虚、太和之气等同。絪缊又是元气之另一指称。

天不听物之自然，是故絪缊而化生。乾坤之体立，首出以屯。雷雨之动满盈，然后无为而成。⑤

---

① 王夫之：《船山全书》第6册，岳麓书社，1991年，第30页。

② 同上书，第26页。

③ 同上书，第23页。

④ 同上书，第40页。

⑤ 同上书，第402页。

缊缊一词出自《易传》"天地缊缊，万物化醇"，又可与氤氲通用，意指弥漫、气盛。而后学者往往用以指代阴阳未分时的本然状态。船山给缊缊定义为：

> "缊缊"，二气交相入而包孕以运动之貌。[①]

船山沿用缊缊一词，取其宇宙本然状态之意，认定其内含阴阳相交的不断运动。

> 缊缊之中，阴阳具足，而变易以出，万物不相肖而各成形色，并育于其中，随感而出，无能越此二端。[②]
>
> 气化者，气之化也。阴阳具于太虚缊缊之中，其一阴一阳，或动或静，相与摩荡，乘其时位以著其功能，五行万物之融结流止、飞潜动植，各自成其条理而不妄。[③]

缊缊中固有阴阳，因阴阳同在一体却有不同之特性，故相感而动，从而化生万物。缊缊具有本体之义，其本就是指元气。

同时，船山又常常将缊缊与太和并举。船山对"太和"的理解即是秉承《周易》而来。

> 太和，和之至也。道者，天地人物之通理，即所谓太极也。阴阳异撰，而其缊缊于太虚之中，合同而不相悖害，浑沦无间，和之至矣。[④]
>
> 阴阳未分，二气合一，缊缊太和之真体，非目力所及，不可得而见也。[⑤]
>
> 缊缊，太和未分之本然；相荡，其必然之理势。[⑥]

---

[①]　王夫之：《船山全书》第1册，岳麓书社，1988年，第597页。

[②]　王夫之：《船山全书》第12册，岳麓书社，1991年，第43页。

[③]　同上书，第32页。

[④]　同上书，第15页。

[⑤]　同上书，第35页。

[⑥]　同上书，第15页。

船山指出，"太和"就是"和之至"，亦即"合同而不相悖害""浑沦无间"，他认为这既是宇宙之道，也是人生之道，是为"通理"。船山讲细缊，指太和阴阳未分的本然状态，但他又有阴阳异撰之说。阴阳异撰，是指阴阳两者存在相对立的因素，但仍处于未分而融合的状态中。正如船山所解释的：

> 升降飞扬，乃二气和合之动几，虽阴阳未形，而已全具殊质。①

阴阳未形，即阴阳未分合一的状态，但此时阴阳已具有各自不同的特质了。阴阳都处于太和细缊元气中。太和乃是阴阳浑然未分之气，此时阴阳这两种不同的体性共同统一于太和之中，和而不相悖害，故谓之"阴与阳和"。

张载曾认为细缊即庄子所谓的"生物以息相吹""野马"。船山不认同此说：

> "生物以息相吹"之说非也，此乃太虚之流动洋溢，非仅生物之息也。引此者，言庄生所疑为生物之息者此也。②

船山认为细缊是比生物之息的实物之气更为根本的，两者并不能简单等同。他认为张横渠混淆了作为根本的太虚之气和具体实物之气的差异。

> 太和之中，有气有神。神者非他，二气清通之理也。不可象者，即在象中。阴与阳和，气与神和，是谓太和。③

神是阴阳本身所具有的清通之理。船山所讲的太和并不是一纯然物质之气，还是一个合气与神理的范畴。太和乃是理气合一之气，不仅表现为阴与阳的和合，同时也表现为理神与气的和合。

船山用不同的词来指称元气，但对于元气的论说却是一贯的。

---

① 王夫之：《船山全书》第12册，长沙，岳麓书社，1991年，第27页。

② 同上书，第27页，长沙。

③ 同上书，第16页。

船山以元气统摄万物，天地间万事万物均是元气使然。

> 人物同受太和之气以生，本一也。[1]
> 万物之形体才性，万事之变迁，莫非阴阳、屈伸消长之所成。[2]

万物的形体才性，万事的变迁，莫不是元气所统合阴阳屈伸消长而成。

元气统合阴阳，即太和之气。对于它，船山描述为：

> 天之本色，一无色也。无色，无实、无象、无数，是以谓之清也，虚也，一也，大也，为理之所自出而已矣。[3]

元气就是天之本色，即无色，无色即无实、无象、无数。它表面上没有任何的特征，却是理所出之所，也就是一切规律的本原。故元气自身是无色的，是虚，但蕴含天地万物的一切因素，即有万色而无色，含有规范而无规范。元气是虚实的统一，未有一定的形体，而不断在变易、化生、运动。阴阳和合而化生有形之具体万物，未有一成型而终古不易的。万物也是此消彼长，方生方亡的。聚则成体，散则回归未分之元气，从而又得元气化生而成新事物，如此循环不止。

元气又是一体而阴阳二分的，阴阳各有功用。

> 阴阳者二气氤氲，轻清不聚者为阳，虽含阴气亦阳也；其聚于地中与地为体者为阴，虽含阳气亦阴也。凡阴阳之名义不一，阴亦有阴阳，阳亦有阴阳，非判然二物，终不相离之谓。[4]
> 阳有独运之神，阴有自立之体；天入地中，地函天化，而抑各效其功能。[5]

---

[1] 王夫之：《船山全书》第12册，长沙，岳麓书社，1991年，第221页。

[2] 同上书，第300页。

[3] 同上书，第457页。

[4] 同上书，第57页。

[5] 王夫之：《船山全书》第1册，岳麓书社，1988年，第74页。

阴阳之实，情才各异，故其致用，功效亦殊。若其以动静、屈伸、聚散分阴阳为言者，有此阴阳二气合而因时以效动，则阳之静屈而散，亦谓之阴，阴之动伸而聚，亦谓之阳，假阴阳之象以名之尔，非气本无阴阳，因动静屈伸聚散而始有也。故直言气有阴阳，以明太虚之中虽无形之可执，而温肃、生杀、清浊之体性俱有于一气之中，同为固有之实也。①

船山认为元气中有阴阳二分，阴阳各有功效，阳动阴静、阳清阴浊、阳伸阴屈、阳聚阴散等。阳有独运之神，阴有自立之体。但阴阳非二物，而是一气之体性的别名。由此可知，船山是将阴阳认定为气之不同功能，并不是具体的实在。阳亦有阴阳，阴亦有阴阳，且阳含阴气亦阳也，阴含阳气亦阴也。阴阳相互依赖，功用虽然不同，但都是一体之用。

船山论元气，既言太虚又言太和，其思路沿用了无极而太极之说法。就其虚而言，无体无形，即太虚。就其实而言，有体无形，即太和。这一认识方式是从程朱理学延续而来。船山以此来描述气。宇宙空间有其虚，所谓太虚，无体无形；又有其实，以"有体无形"的细缊之元气为其生生之理。宇宙便是如此虚实合一。万物创生之原因不必外求，从它自身便可找到，即宇宙万物的本体元气生生之大德。元气本为一，却蕴含着二的因素，即阴阳二者相互渗透相互包含的活动。阴阳交互运动促使元气分化，裂而为阴阳二气，阴阳相互推移摩荡，交感同构而化生凝聚成万事万物。万事万物已然化生，融合聚集于宇宙的阴阳二气便融合聚集于万事万物身上，彼此不分，彼此制约，彼此对立统一，由此成就世界中种种活动变化。此即船山所言：

阴阳之撰具焉，氤氲不息，必无止机。故一物去而一物生，一事已而一事兴，一念息而一念起，以生生无穷，而尽天下之理，皆太虚之和气必动之几也。②

在船山看来，元气生成了诸多形态各异的气，即具体的万物之气。它

① 王夫之：《船山全书》第12册，岳麓书社，1991年，第80页。

② 同上书，第364页。

们之间的关系就是理一分殊。元气和万物具体之气均为气，却有所不同。

## 二、论理气关系

理气关系是宋代以来一直在讨论的问题，是学者无法回避的问题。船山自然绕不开这个问题。

船山在《读四书大全说》中讲道：

> 程子统心、性、天于一理，于以破异端妄以在人之几为心性而以"未始有"为天者，则正矣。若其精思而实得之，极深研几而显示之，则横渠之说尤为著明。盖言心言性，言天、言理，俱必在气上说，若无气处则俱无也。张子云："由气化，有道之名。"而朱子释之曰："一阴一阳之谓道，气之化也。"周易"阴""阳"二字是说气，著两"一"字，方是说化。故朱子曰："一阴而又一阳，一阳而又一阴者，气之化也。"由气之化，则有道之名，然则其云"由太虚，有天之名"者，即以气之不倚于化者言也。气不倚于化，元只气，故天即以气言，道即以天之化言，固不得谓离乎气而有天也。①

这明显表明了船山与程朱思想上的不同。程朱以理为最核心范畴，而船山以气为最核心范畴。程子将心、性、天统于理，对于破除异端以虚名灵觉之体为心性以虚无为天是非常有价值的。但是船山认为张横渠之说更明确。言心言性，言天言理，都不能脱离气，离开气则一切都是无。船山沿着横渠思想之路，认为天就是气，离开气就无所谓天了。

关于理，船山做了如此界定：

> 凡言理者有二，一则天地万物已然之条理，一则健顺五常、天以命人而人受为性之至理。二者皆全乎天之事。②
>
> 理者，天所昭著之秩序也。③

---

① 王夫之：《船山全书》第6册，岳麓书社，1991年，第1109页。

② 同上书，第716页。

③ 王夫之：《船山全书》第12册，岳麓书社，1991年，第136页。

　　理，行乎气之内，则气充值。而盈天地间，人身以内人身以外，无非气者，故亦无非理者。理，行乎气之中，而与气为主持分剂者也。故质以函气，而气以函理。质以函气，故一人有一人之生；气以函理，一人有一人之性也。①

　　船山指出，理有两种：一是指天地万物固然已有的条理规则，二是指人受命以为性之理。前者是指气之条理，而后者是指人之性理。充盈在天地间及人身体内外都是气，都是理。理是为气主持分剂者。不同的形体含蕴不同的具体之气，所以一个人有其具体特别之形；不同的具体之气又含蕴不同的具体之理，所以一个人又有其具体特别之性。理在物者谓之条理，理之在人者谓之性，而两者同出于天，即同出于气。

　　理是天地间固有的条理规则秩序。理是万物的理，但是理不能脱离万物而存在。理也是气的理，但理也不能脱离气而存在。在船山思想中，理仍然是重要的范畴，但其重要性却及不上气。船山不断强调理和气是不可分的：

　　天者，所以张主纲维是气者也。理以治气，气所受成，斯谓之天。理与气元不可分作两截。②
　　理与气不相离。③

　　理只是气之理，理气二者从根本上讲是分不开的。

　　气之妙者，斯即为理。气以成形，而理即在焉。两间无离气之理，则安得别为一宗，而各有所出？气凝为形，其所以成形而非有形者为理。④
　　理即是气之理，气当得如此便是理，理不先而气不后。⑤

---

①　王夫之：《船山全书》第6册，岳麓书社，1991年，第857页。

②　同上书，第991页。

③　同上书，第992页。

④　同上书，第716页。

⑤　同上书，第1062页。

> 天与人以气，必无无理之气。阳则健，阴则顺也。一阴一阳则道也，错综则变化也。①

船山认为气的玄妙之处就是理，气化成万物，理就在这一过程中。天地间并不存在离开气而单独存在的理，只不过气是有形的，而理则是没有形的，但理是气所以能成形的原因。理就是气之理，理与气这二者并没有先后的区分。理气从根源处就已经交融浑沦。

这样，船山否定了有先设定的理，反复强调理依于气。世界没有无气之理，也没有无理之气。

> 理与气互相为体，而气外无理，理外亦不能成其气，善言理气者必不判然离析之。②

这是完全不同于朱子的看法，而且船山明显将朱子视为不善言理气者。朱子认为理先气后，朱子所认识到的道体只是理，气并不是占主导地位的范畴。朱子虽然也提到了理气不离不杂，但最终仍是突出了理的超越性和根本性，气只是表现材料。而船山则认为理与气是同时并存的，无所谓先后。若气为先，则有无理之气。若理为先，则有无气之理。善言理气的人应该将理气放在原本的统一体中来考察。船山当然非常推崇朱子，但在思想取向上却与朱子大不相同。

同时，理自身并不足以展现气之全体，理要在气化中变现出来。

> 理虽无所不有，而当其为此理，则固为此理，有一定之例，不能推移而上下往来也。程子言"天，理也"，既以理言天，则是亦以天为理矣。以天为理，而天固非离乎气而得名者也，则理即气之理，而后天为理之义始成。浸其不然，而舍气言理，则不得以天为理矣。何也？天者，固积气者也。乃以理言天，亦推理之本而言之，故曰"天者理之所自出"。凡理皆天，固信然矣。而曰"天一理也"，则语犹有病。凡言理者，必有非理者为之对待，而后理之名以立。犹言道者必有非

―――――――――――

① 王夫之：《船山全书》第6册，岳麓书社，1991年，第1076页。

② 同上书，第1115页。

道者为之对待，而后道之名以定。是动而固有其正之谓也，既有当然而抑有所以然之谓也。是唯气之已化，为刚为柔，为中为正，为仁为义，则谓之理而别于非理。若夫天之为天，虽未尝有俄顷之间、微尘之地、蜎孓之物或息其化，而化之者天也，非天即化也。化者，天之化也；而所化之实，则天也。天为化之所自出，唯化现理，而抑必有所以为化者，非虚挟一理以居也。所以为化者，刚柔、健顺、中正、仁义，赅而存焉，静而未尝动焉。赅存，则万理统于一理，一理含夫万理，相统相含，而经纬错综之所以然者不显；静而未尝动，则性情功效未起，而必由此、不可由彼之当然者无迹。若是者，固不可以理名矣。无有不正，不于动而见正；为事物之所自立，而未着于当然；故可云"天者理之自出"，而不可云"天一理也"。太极最初一〇，浑沦齐一，固不得名之为理。殆其继之者善，为二仪，为四象，为八卦，同异彰而条理现，而后理之名以起焉。气之化而人生焉，人生而性成焉。由气化而后理之实著，则道之名亦因以立。是理唯可以言性，而不可加诸天也，审矣。[1]

船山认为理虽然在天地间，但当其为理时固然为此理，已经完全确定，不能加以上下前后推移。程子以天为理，这就不是船山所认同的了。船山认为凡是言理，必然有非理与之相对待，然后理之名才能成立。这也就是将理认定为对待关系中的一员。动却合乎其正则谓之理，有其当然和所以然则谓之理。但是这样的对待关系都是气化而来的。天是无所不包、无所不极、无有止息的全体，是化之所自出，而非化即是天之全体。这就是化之者天、非天即化这两者的对待。理在化中展现，而理不足以展现非化的天之全体。而且天之化并不是虚挟一理以居，必有其所以为化者。所以为化者，存于天之全体中。所以万理统于一理、一理含于万理。其所以为化者，隐而不显、无迹可寻，则不可用理来称呼它。所以船山认为天是理之所自出，理却不足以尽天。太极是浑沦之全体，不可以理来指称。只有在继之者善，为两仪、四象、八卦的过程中，理才展现出来，才可以用理来指称。

气之全体就是天，而理出自天之化。天之化总是和具体事物联系在

---

[1] 王夫之：《船山全书》第6册，岳麓书社，1991年，第1109—1110页。

一起的，理也就是在这具体事物的生化中展现。因而理不足以尽天，即理并非终极本原。

## 三、气与性

性情是宋代以来学者关心之重要问题。在讨论性情问题时，船山仍然延续张横渠的思想，基于气范畴来展开。

如前所述，船山强调气、理、性三者统一。"盈天地间，人身以内人身以外，无非气者，故亦无非理者。理，行乎气之中，而与气为主持分剂者也。故质以函气，而气以函理。质以函气，故一人有一人之生；气以函理，一人有一人之性也。"①性乃是气、理在具体一人身上之体现，气、性合一。

性善论是宋明学术界的主流思想。性善论在船山那里是基于气善而展开。船山讲道：

> 理即是气之理，气当得如此便是理，理不先而气不后。理善则气无不善；气之不善，理之未善也。如牛犬类。人之性只是理之善，是以气之善；天之道唯其气之善，是以理之善。"《易》有太极，是生两仪"，两仪，气也，唯其善，是以可仪也。所以乾之六阳，坤之六阴，皆备元、亨、利、贞四德。和气为元，通气为亨，化气为利，成气为贞，在天之气无不善。天以二气成五行，人以二殊成五性。温气为仁，肃气为义，昌气为礼，晶气为智，人之气亦无不善矣。②

船山坚持气善，在船山看来，不仅天之气无有不善，人之气也是无有不善的。气如此运行而不能别样运行，这就是理。理不是气之外的，理与气也没有先后。人之性善，故人之气也是善的；物之理不善，故物之气也不善。从此可知，人与物都是由理的善与不善来决定气善与不善。这是从具体人物层面上讲的。但是从天的层面来讲，气善决定了理善，

---

① 王夫之：《船山全书》第6册，岳麓书社，1991年，第857页。

② 同上书，第1052页。

即气是善的，故理是善的。由此可见船山思想是一贯的，气决定理。在宇宙化生过程中，太极生两仪，两仪是善，即阴阳是善。所以乾卦的六阳和坤卦的六阴都是善的，都是具备元亨利贞四德。阴阳所化和气即是元，通气即是亨，化气即是利，成气即是贞，四气就是四德。故天之气就是善的。在气化过程中，人由阴阳二气而变成仁、义、礼、智、信五性，温气即是仁，肃气即是义，昌气即是礼，晶气即是智。故人之气也是善的。由此可见，人之五性是来源于天之气。

善，船山认为是阴阳生化过程中的条理、分剂。

> 一阴而不善，一阳而不善，乃阳一阴一而非能善也。……其善者，则一阴一阳之造也；为主持之而不任其情，为分剂之而不极其才，乃可以相安相忘而罢其疑，于是乎随所动而皆协于善。[①]

船山认为理是调节阴阳的规律，理能够使阴阳相安相忘而不争，处于和谐状态。这样的状态就是善。

万物之性有善有不善，这是由气在化生过程中形成的。

> 乃既以气而有所生，而专气不能致功，固必因乎阴之变、阳之合矣。有变有合，而不能皆善。其善者则人也；其不善者则犬牛也，又推而有不能自为栝楺之杞柳，可使过颡、在山之水也。天行于不容已，故不能有择必善而无禽兽之与草木，杞柳等。然非阴阳之过，而变合之差。是在天之气，其本无不善明矣。[②]

船山认为在阴阳化生万物过程中，阴阳的变化交合导致了善与不善的分化出现。其中善的是人，不善的是如犬、牛之类的物。天并不能使万物皆善，不能选择不化生禽兽草木。善与不善的分化出现都是不可避免的。

> 人有其气，斯有其性；犬牛既有其气，亦有其性。人之凝气也善，故其成性也善；犬牛之凝气也不善，故其成性也不善。气充满于天地

---

① 王夫之：《船山全书》第1册，岳麓书社，1988年，第1112页。

② 王夫之：《船山全书》第6册，岳麓书社，1991年，第1052—1053页。

之间，即仁义充满于天地之间；充满待用，而为变为合，因于造物之无心，故犬牛之性不善，无伤于天道之诚。在犬牛则不善，在造化之有犬牛则非不善。气充满于有生之后，则健顺充满于形色之中；而变合无恒，以流乎情而效乎才者亦无恒也，故情之可以为不善，才之有善有不善，无伤于人道之善。①

船山认为阴阳即是仁义，故其充满于天地之间，即仁义充满于天地之间。气充满于万物之体，即健顺之性充满于其体之中。而变合是不能保持确定的方向，所以其结果是不能保证一定为善，也就会产生性不善的禽兽之类。但是气是变合之前的本体，是善的。

在船山看来，性与气是同等的，是善的。

> 若夫有其善，故无其不善，所有者善，则即此为善，气所以与两间相弥纶，人道相终始，唯此为诚，唯此为不贰，而何杞柳、湍水之能喻哉！故曰"诚者天之道""立天之道，曰阴与阳"而已；二气。"诚之者人之道""立人之道，曰仁与义"而已。仁生气，义成气。又安得尊性以为善，而谓气有不善哉！②

气是善的，"有其善而无其不善"。性即此气而为善，而不是离开气独立成为善。气是与天道相弥纶、与人道相终始的本善之体，气即是《中庸》所说的"诚"。这里船山又将讨论延伸至诚。气的表现在天道为诚，为阴阳；在人道为诚之，为仁义。

船山反对尊性以贱气，反对性善气不善之说。

> 贵性贱气之说，似将阴阳作理，变合作气看，即此便不知气。变合固是气必然之用，其能谓阴阳之非气乎？《易》曰："立天之道曰阴与阳，立人之道曰仁与义。"仁义，一阴阳也。阴阳显是气，变合却亦是理。纯然一气，无有不善，则理亦一也，且不得谓之善，而但可谓之诚。有变合则有善，善者即理。有变合则有不善，不善者谓之

---

① 王夫之：《船山全书》第6册，岳麓书社，1991年，第1054页。

② 同上书，第1054页。

非理。①

船山认为阴阳是气，仁义也是气。气本然状态是善的，但到了阴阳变合的阶段以后，才有善和不善，此时善者叫作理，不善者为非理。

变合是船山用来解释阴阳化生过程中形成善与不善的重要范畴。变合中出现的不同是由于时数的偶然。而且不善的产生还出于变合导致的情才不同。

> 理以纪乎善者也，气则有其善者也，气是善体。情以应夫善者也，才则成乎善者也。故合形而上、形而下而无不善。②

理是引导善的，气则是善的，情是响应善的，才是成就善的。理气是形而上的，情才是形而下的，都是善的。船山强调了气在善的完成中的重要地位。

情才是可以善的，但不是一定为善。情是对应于性的，所以情不是必然为善的。情产生不善，在于情不以性为准则。"大抵不善之所自来，于情始有而性则无。孟子言'情可以为善'者，言情之中者可善，其过、不及者亦未尝不可善，以性固行于情之中也。情以性为干，则亦无不善；离性而自为情，则可以为不善矣。"③才导致不善在于其本身不纯。"常一而变万，其一者善也，其万者善不善俱焉者也。才纯则善，杂则善不善俱；时当其才则善，不当其才则善不善俱。"④

船山讨论了气与性的善恶问题，对于宋明理学中关注的气质之性也有颇多讨论。

> 所谓"气质之性"者，犹言气质中之性也。质是人之形质，范围着者生理在内；形质之内，则气充之。而盈天地间，人身以内人身以外，无非气者，故亦无非理者。理，行乎气之中，而与气为主持分剂者也。

---

① 王夫之：《船山全书》第6册，岳麓书社，1991年，第1055页。

② 同上书，第1054页。

③ 同上书，第965页。

④ 王夫之：《船山全书》第1册，岳麓书社，1988年，第1089页。

故质以函气，而气以函理。质以函气，故一人有一人之生；气以函理，故一人有一人之性也。若当其未函时，则且是天地之理气，盖未有人者是也。乃其既有质以居气，而气必有理，自人言之，则一人之生，一人之性；而其为天之流行者，初不以人故阻隔，而非复天有。是气质中之性，依然一本然之性也。①

宋明理学中提出气质之性与天命之性，后又认为人有两性。船山是反对人有两性之说的。船山认为气质之性，是指具存在于一定气质中的性。性不是脱离气质独立存在的，而是依赖于气质的。质以含气，则不同个体形质所含之气有所不同，所以这气中所函之理也有所不同。这也就是气质中之性相近而不同。船山认为气质中之性，依然一本然之性，这是明显不同于宋以来程朱之学的看法。船山认为气质之性是不受气质影响的，也就是本然之性。

以愚言之，则性之本一，而究以成乎相近而不尽一者，大端在质而不在气。盖质，一成者也；气，日生者也。一成，则难乎变；日生，则乍息乍消矣。夫气之在天，或有失其和者，当人之始生而与为建立，所以有质者，亦气为之。于是而因气之失，以成质之不正。乃既已为之质矣，则其不正者固质也。在质，则不必追其所自建立，而归咎夫气矣。若已生以后，日受天气以生，而气必有理。即其气理之失和以至于戾，然亦时消时息，而不居之以久其所也。②

性本来是同一的，但每个人的性不同主要是质的作用造成的，而不是气的作用造成的。人体的质是一成不变的，但是气则是不断在改变的。这里，船山所说的气明显有不同所指。气不是指形体之气，而是天地间存在的能够作用于形体的气，也就是能够出入沟通天地人体间的天地之气。人在出生时由气构成特定的形体，在成形后每天还会受到天地之气的影响而不断演进。人每天所受之气，并不是成形之前的气，也不是形体所含的气。这个气会有不同的情形，如可能是清、浊、和、戾等。人

---

① 王夫之：《船山全书》第6册，岳麓书社，1991年，第857—858页。

② 同上书，第859页。

接受这种气的影响只是短暂的，时消时息，气进入身体后会很快消失，不会久居在人体内。所以船山认为这种气对人的影响没有质对于人的影响大。

> 质能为气之累，故气虽得其理，而不能使之善。气不能为质之害，故气虽不得其理，而不能使之不善。又或不然，而谓气亦受于有生之初，以有一定之清刚、浊弱，则是人有陈陈久积之气藏于身内，而气岂有形而不能聚散之一物哉！故知过在质而不在气也。①

人在出生后，如果质是不善的，每日所受之气即使是善的，也不能使质变为善，所以质能为气之累。反之，如果质是善的，每日所受之气即使不善，也会很快消失，不会使质变为不善，所以气不能为质之害。

由上可知，决定人的道德性情的主要是已经形成的质，而不是后天的天地之气。船山的这一看法看上去和朱子学很不一样，但本质上船山的思路和朱子是一脉相承的，只是船山和朱子在范畴的理解、使用上有所不同。船山所说的质，朱子称之为气。

气质之性的提出，是学者在论性的过程中逐渐形成的对性善论的补充。其源头可追溯到孔孟关于性的看法。然而船山对孔孟论性提出了不同于一般的看法。

> 孟子唯并其相近而不一者，推其所自而见无不一，故曰"性善"。孔子则就其已分而不一者，于质见异而于理见同，同以大始而异以殊生，故曰"相近"。乃若性，则必自主持分剂夫气者而言之，亦必自夫既属之一人之身者而言之。孔子固不舍夫理以言气质，孟子亦不能裂其气质之畛域而以观理于未生之先，则岂孔子所言一性，而孟子所言者别一性哉？②

船山认为孟子从性相近，推原性的根源，可见根源都是相同的，所以说性善。而孔子是从现实中性的状况，可见从同一之根源而分化为各种

---

① 王夫之：《船山全书》第6册，岳麓书社，1991年，第860页。

② 同上书，第862页。

不同，不同人的性不是完全相同的而是相近的。所以船山认为孔子和孟子所讲的性是不同的，即孔子讲的是人性，而孟子讲的则是人性的源头。

又有：

> 虽然，孟子之言性，近于命矣。性之善者，命之善也，命无不善也。命善故性善，则因命之善以言性之善可也。若夫性，则随质以分凝矣。一本万殊，而万殊不可复归于一。《易》曰"继之者善也"，言命也；命者，天人之相继续也。"成之者性也"，言质也，既成乎质，而性斯凝也。质中之命谓之性，此句紧切。亦不容以言命者言性也。故唯"性相近也"之言，为大公而至正也。①

孟子讲的是人性的源头，即在人形体生成之前。故孟子所讲的性，其实是命，孟子所讲的性善其实是命善。命是性的源头，所以从命善可以推出性善。性是随着气质不同而由源头分化凝结在气质之中。质从命那里接受而来是性，已经有了分殊，故只能说性相近。

## 四、论养气

人的道德性情主要由质决定，然而船山并没有完全排除后天改变的可能性。船山认为后天的天地之气也有影响人的积极作用。

> 乃人之清浊刚柔不一者，其过专在质；而于以使愚明而柔强者；其功专在气。质，一成者也，故过不复为功。气，日生者也，则不为质分过，而能为功于质。且质之所建立者，固气矣。气可建立之，则亦操其张驰经纬之权矣。气日生，故性亦日生。生者气中之理。性本气之理而即存乎气，故言性必言气而始得其所藏。②

船山认为人能够使愚变明、柔变强，主要依靠天地之气的积极作用。质是在一次成形中起作用，之后就不再起作用。而气能日生，所以性也

---

① 王夫之：《船山全书》第6册，长沙，岳麓书社，1991年，第862页。

② 同上书，第860页。

能日生。人性能够日生日成，不断成长，不断实现。

由此，船山认为养气可以改善性。

> 乃气可与质为功，而必有其与为功者，则言气而早已与习相摄矣。是故质之良者，虽有失理之气乘化以入，而不留之以为害。然日任气质，而质之力亦穷，则逮其久而气之不能为害者且害之矣。盖气任生质，亦足以易质之型范。型范虽一成，而亦无时不有气消息。始则消息因仍其型范，逮乐与失理之气相取，而型范亦迁矣。若夫由不善以迁于善者，则亦善养其气，至于久而质且为之改也。故曰"居移气，养移体"，气移则体亦移矣。①

质是良的，即使有不良之气作用于身体，也不会对质有影响。但是完全依赖质对于气的抵御能力，忽视人的自身修养，那么质对于气的抵御能力也会衰减，在长期的过程中最终也会导致质的改变。

那么，养气具体要如何践行？

孟子论养气，提出持志为本，集义养气、学海知言而自然不动心。船山承孟子之意，断言"孟子吃紧功夫在气上"，强调养气的重要性。

> 孟子吃紧功夫在气上……气是个不恐惧的本领，除告子外，则下而北宫黝，上至曾、孟，皆以此为不动心之道，特其所以守之者有约不约之分耳。内里有个义作骨子，以听气之自生，则守之功约，而其用大。若其不然，则守之气之末流，其功不约，而用反有所诚尔。约以言其守气者，而非与气为对。气只共此一个气。曾、孟之气，较黝、舍百倍刚大而塞两间；非曾、孟舍气不守，而别守一自反以为约法也。不出吾心而守之，乃以塞乎两间，则曰约。②

船山认为不动心之道主要在于守气。所谓守约其实就是守气，但从守气的角度而言，其本身又有约与不约之分。养勇是有不动心之道，因为养勇即是养气。但公孙丑等人主要是在血气之身的意义上讲养勇，而

---

① 王夫之：《船山全书》第6册，岳麓书社，1991年，第681页。

② 同上书，第922页。

没有意识到心性在勇中根本作用，所以其所养之气只是血气。血气只属于生理，为气之末流；浩然之气则是持志、集义所生，是气之本。

养气之养有两层意思，对血气之气而言，只能是调息、调养，其没有以心性为本。而对浩然之气而言，则需要长养，持志、集义，这样才能长养浩然之气塞乎天地之间。均是守气，孟施舍会调养血气，所以相较北宫黝是守约；而曾子以义长养浩然之气，比起孟施舍又更为守约。不过曾子和孟子的境界仍有距离。曾子只知集义而不知持志，还未意识到性或道；而孟子由仁义行，乃是当下由持志之心，集义而发纯乎道义的至大至刚之气。

船山以孟子之"不动心吃紧功夫"在气上，在具体养气功夫上，则强调志气交辅、集义长养浩然之气。

志与气的关系上，船山主张持志帅气而志气交辅。

> 若吾心之虚灵不昧以有所发而善于所往者，志也，固性之所自含也。乃吾身之流动充满以应物而贞胜者，气也，亦何莫非天地之正气而为吾性之变焉合焉者乎？性善，则不昧而宰事者善矣。其流动充满以与物相接者，亦何不善也？虚灵之宰，具夫众理，而理者原以理夫气者也，理治夫气，为气之条理。则理以治气，而固托乎气以有其理。是故舍气以言理，而不得理。则君子之有志，固以取向于理，而志之所往，欲成其始终条理之大用，则舍气言志，志亦无所得而无所成矣。[①]

孟子言志与气的关系，体现在天道上即是理与气的关系，落实到人道上是心与身的关系。在天道与人道之间是通过性来联系的。在人而言，性统帅身心通过心之志得以实现。性以志正心、性以志帅气。心以性为志，志为性之所自含，不能舍气以言性，也就不能舍气以言志，舍气则志也失去目标和依托，将无所得也无所成。

持志帅气而志气又交相为功。若人心不能持志，则心失去定向，思想和行动上便游走不定。若人身不能充盈浩然之气，则气失其本，而任血气时盈时虚，二者都不能称为专一。

此外，船山认为还须集义以长养浩然之气。

---

① 王夫之：《船山全书》第6册，岳麓书社，1991年，第925页。

　　道和义都属于理的范畴，在人而言，为心所具之理。此心即道义之心或本心。心具众理，其所恒定指向的固有之理则是性或道，是通过心之志来持守的。浩然之气为持志之心集义所生，故心、气合一而不可分为二。浩然之气即为道义之气，气在身内，义在心内。若只持本心，不集义长养其浩然之气，则缺乏践行的力量和勇气，只能空谈道德心性。

　　气以义生、即以义养，直养即是顺而养之，顺浩然之气本有之义而养之。浩然之气本就是道义之气，本身就是善，顺其本性而长养扩充之，则成己成物、可以参天地之化育，如此人生以立、人道以立。浩然之气充盈于身，人就挺立于天地之间。

# 第十七章　明代道教

　　有明一代，以儒学为主导思想，三教并用，故佛道两教也有所发展。明太祖深知儒释道三教对于治国安邦的重要性。他对于正一派张正常、张宇初等道士都十分器重，自己还认真学习道教教义，亲自注疏《道德经》。之后，明代皇帝都效法明太祖，对道教的发展给予很大的空间。特别是编纂《正统道藏》，是对道教思想文化的总结。

　　明代初期，道教有正一派和全真派两派。正一派主斋醮、祈禳等事，全真派则倾向于独修。这两者中影响力最大的是正一派，在明朝一代，正一派始终处于全真派之上，正一派的天师是全国道教各派的首领。但在道教教义方面，反而是全真派，特别是内丹各派宗师，贡献突出并有较高的实修成就。

　　明代，儒释道三教融合趋势继续深化。道士研读儒家、佛教典籍都是平常之事，道士著作中也常常会引用儒佛观点解释道教教义。例如宋代以来，太极图说、先天象数学、理一分殊等儒家理论都影响了道教。三教融通也逐渐成为一种普遍的认识。

## 张宇初

　　张宇初（1359—1410）字子旋，又字信甫，号耆山，是明初著名道士，正一道第四十三代天师。张宇初自幼喜读书，除熟谙其世传的符、箓、斋、醮术外还博揽众家之长。于明洪武十年（1377）嗣教，洪武十三年（1380）敕受"正一嗣教道合无为阐祖光范大真人"，总领天下道教事。著作有《岘泉集》十二卷、《道门十规》一卷，《元始无量度人上品妙经通义》四卷，及众多诗文序论等文章。

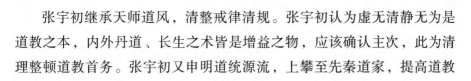

张宇初继承天师道风，清整戒律清规。张宇初认为虚无清静无为是道教之本，内外丹道、长生之术皆是增益之物，应该确认主次，此为清理整顿道教首务。张宇初又申明道统源流，上攀至先秦道家，提高道教地位，同时提出内炼为本、性命双修的理念。

## 一、太虚与气

张宇初的思想在继承、发展老庄思想的基础上又有回归老庄思想的倾向，并且深受张载思想影响。

北宋张载有一重要观点："太虚无形，气之本体，其聚其散，变化之客形尔。"[1] 张载以太虚为气之本体的思想被张宇初继承吸收。张宇初认为虚与实相互依存，实存在于无形的虚中，实因虚而得以生生化化。太虚为体，他将太虚作为天地本体和万物运动变化的依据。

> 至虚之中，块圠无垠，而万有实之。实居于虚之中，寥漠无际，一气虚之。非虚则物不能变化周流，若无所容以神其机，而实者有诎信聚散存焉。非实则气之氤氲合辟，若无所凭以藏其用，而虚者有升降消长系焉。夫天地之大，以太虚为体，而万物生生化化于两间而不息者，一阴一阳，动静往来而已矣。凡寒暑之变，昼夜之殊，天之运而不息者，昭而日星，威而雷霆，润而风雨霜露；地之运而不息者，峙而山岳，流而江海，蕃而草木鸟兽，若洪纤高下之众，肖翘蠕动动之微，一皆囿于至虚之中，而不可测其幽微神妙者，所谓道也，理也。[2]

虚，非绝对的虚无，而是指太虚之气的本始状态。虚是万物之"体"和"宗"，万物起源于虚，存在于虚之中，没有虚就没有一切，一切囿于至虚之中，天地之开始和终结都是虚的作用所致。实，即是形形色色的具体存在。虚是具体事物变化运动的场所，天地万物的运动变化都是在至虚（太虚）之中进行的。实，是一气屈伸往来。太虚之气有升降消

---

① 张载：《张载集》，中华书局，1978年，第7页。

② 张宇初：《岘泉集》卷之一，《道藏》第33册，第181页。

长，万物在太虚中运动变化就是道。以道言之，重在其存在、运动、变化。以理言之，重在其实有依据。

张宇初又有对太虚的描述：

> 太虚冲漠，玄范幽微，至极难言，妙亦难思。夫无声无臭，无形无名，冥滓大梵，寥廓无光。①
> 太虚本是浑仑体，空洞中含寂默声。②

太虚是冲漠幽微的，难言又难思，又是空洞无声的，就是《老子》所描述的道。

以虚阐释道，是道教中的传统认识。托名于顾欢所作的《道德真经注疏》卷一就有："道以虚通为义，常以湛寂得名，所谓无极大道，众生正性也。"③在隋唐，成玄英所作的《庄子·大宗师疏》中说："虚通至道，无始无终。"④李荣所作的《道德真经注》卷一说："道者，虚极之理也。夫论虚极之理，不可以有无分其象，不可以上下格其真。"⑤

在张宇初那里，道即是虚，即太虚。

> 道以虚无为宗，不可以象求，是曰强名。故无形无名，无声无臭，大包天地，囊括宇宙，其上它无所祖者，道也。儒曰无极，释曰真空，道曰太虚，其理一也。⑥

张宇初将有形的实视为有，无形的虚视为无，这样，他的虚为本体的生化模式就能以气来论述了。

> 盖万物自一气生，气分而太极判，两仪四象五行各位乎气之中，

① 张宇初：《岘泉集》卷之七，《道藏》第33册，第243页。
② 张宇初：《岘泉集》卷之十一，《道藏》第33册，第270页。
③ 《道德真经注疏》卷一，《道藏》第13册，第274页。
④ 《南华真经注疏》，中华书局1998年，第145页。
⑤ 李荣：《道德真经注》卷一，《道藏》第14册，第38页。
⑥ 《元始无量度人上品妙经通义》卷二，《道藏》第2册，第304页。

由五行之气布而万汇，生生之无穷。其五行之运，阳极于九，阴极于六，二五九一之道，又备乎五行之中。一为万数之根，而气为万有之母。气之流行统宰于神，然后变化出焉。天以积气而成，帝以统神而名。若一气生三气，三气生九气，九气生之无穷，弥漫六虚，皆气之化生，是谓诸天也。诸天归之于虚无，言其不可以象求也。[①]

"实居于虚之中"也就是"位乎气之中"，"以太虚为体"即"气为万有之母"，诸天"皆气之化生"，故诸天归于虚无。

对于虚和气之关系，张宇初则认为虚是体，气是用，太虚生气，气存在于太虚之中。

气，形质具而未相离，故曰浑沦。浑沦者，万物相浑沦而未相离也。夫气，形质之始，阴阳未分而体浑沦分则窍凿而混沌死，浑沦者离矣。然三者常包括终始环互柄伏，外若离而须史不违于消息问者，去浑沦未尝远也。盖气行乎天地者，为风雨霜露，山川溪谷；具乎人与物，为四体百骸。虽飞潜动植，一本万殊，皆囿于形质者也。未见气之始，固莫得而测，其备于质者，可得而穷焉。[②]

张宇初认为天地万物都是由气所构成，气就是万物初具形质但还未完全分离成型的浑沦。万物成形后，气又是囿于形质者。气是一，而有具体形质的物是万，即一气的流行变化产生出具有形质者的万。

气可以分为有形之气和虚无之气。有形的气是构成具体事物形状的气。张宇初认为有形之气要依赖虚无之气才能发育万物。

世之具形气者有，生于无，而无复归于有。故形载乎气，而气御乎形也。元气运天地而阴阳行焉，天之覆，地之载，日月之明，四时之序，昼夜之续，鬼神之变，万物之众，其运行而不息者，皆有无自相生化者也。[③]

盖万物自一气生。气分而太极判，两仪、四象、五行各位乎气之中，

---

① 张宇初：《岘泉集》卷之二，《道藏》第33册，第207页。

② 张宇初：《岘泉集》卷之四，《道藏》第33册，第228页。

③ 张宇初：《岘泉集》卷之二，《道藏》第33册，第212页。

由五行之气布而万汇生，生之无穷。①

天以阳生万物，地以阴成万物。动而阳，静而阴，阳变阴合而生五气，由五气而生万物。②

张宇初在这里所说的有和无即是形和气，这是对实和虚的深化。形体是气的载体，气在形之内起着驾驭的作用，没有了气就没有形，世之有形者都是因为气而形成的。张宇初阐述了气化生万物的过程：万物都由一气所生，天地的产生是一气所生的阴阳之气作用的缘故，而阴阳之气的化合就产生了四象、五行，再由具体的五行之气布化而产生万事万物。这一思路也正是对道家学说的延续。

虚无之气，张宇初又称之为神气、气。

虚无自然者，神气也。③

盖先天一黑，化生万汇，一本而万殊合也，万殊而一本离也。④

风者，有气无形；泽者，有形无质。乃虚无自然之理，所谓道之气是矣。金者，亘古今不变；刚者，坚贞不坏。是纯真至妙之精，所谓精之气是矣。幽冥者，阴境也，穷极边际也；溟滓者，天地未分之初也。劫运既终，天地虽大，皆形气所有，亦随劫迁革。是以上下不可以色渊求矣。唯风泽之气，空洞虚无，金刚不坏，天地之气乘之以运行。⑤

气为万物之祖，造化五亿，诸天皆由祖气化生而有，《经》曰道为万物母是也。⑥

三气乃天地之宗，万物之根，皆由祖劫化生而后开明，天地由之以生，是为天根

---

① 张宇初：《岘泉集》卷之二，《道藏》第33册，第207页。。

② 同上书，第188页。

③ 同上书，第207页。

④ 《元始无量度人上品妙经通义》卷二，载《道藏》第2册，第303页。

⑤ 同上书，第313—314页。

⑥ 同上书，第304页。

也，上无复祖，唯道为身。①

气和道是同一的，即它们是唯道为身的，都是产生万物的本根。

张宇初所讲之气，是就作为本体的虚与万事万物之间的产生环节上说的，作为虚本体与事物之间的沟通桥梁。有形之气的作用就体现在具体的化生，而无形之气，即气，在一定程度上又和道一样，故这个气是和道、虚一样，都是产生天地万物的本原。张宇初所设想的万物生化模式就是由太虚、道、气而生出气，然后又由气生天地，生万物。

## 二、养神炼气

张宇初虽是正一道的掌门人，但其所提倡的道术修炼是博采众家的。

作为符箓派代表的正一道，在重视符、箓、斋、醮的同时，也注重长生成仙目标实现的方式方法的探索。那么，张宇初所谓的长生指的是什么呢？

> 阴阳之气冲和，则太乙归真，生身受度，死魂受炼，是谓长生矣。②
> 人之有身，性命之道一焉。然命有终尽，而性无沦坏。是以修持定慧者，深究死生之说，幽明之故，以至能尽性知命，而后性根不灭，命蒂长存，直证七返九还之妙，纵经亿劫，其若轮。既灭，是为长生久视，后天而终矣。③

张宇初所说的长生久视就是性根不灭。人之肉体的生命是有终尽的，不灭的是性。这与道教传统中追求肉体不死而得长生的观念不同。但与隋唐以后道教注重心性修养的修炼、追求精神不灭的观念是一脉相承的。

道教内丹修炼法在明初已极其完备。内丹修炼兴起于唐末的神仙道教，其奠基人为钟离权、吕洞宾。钟离权、吕洞宾为当时家喻户晓的神仙道士，苦修内丹，得道成仙，一直活了一百多岁，并演绎出许多神话

---

① 《元始无量度人上品妙经通义》卷二，载《道藏》第2册，第303页。

② 《元始无量度人上品妙经通义》卷一，载《道藏》第2册，第295—296页。

③ 《元始无量度人上品妙经通义》卷三，载《道藏》第2册，第314页。

故事。当时还有一批内丹家，如崔希范、陈朴、施肩吾、彭晓、陈抟、麻衣道者、刘海蟾等人，他们创新修炼方法，完善道教仪轨，使神仙道教内丹派发展到成熟阶段。宋元时期的内丹派分为全真道南、北宗两大派系，修炼方式各有侧重。内丹学理论认为，人体就如同烧炼用的炉鼎，人体内的精、气、神就好像炼丹用的药物和原料，这些药物和原料在人体内部被烧炼成丹，人就能得道成仙、长生不死。

张宇初所在的正一道是道教始祖张道陵之后薪火相传的道教流派。此派修炼方式主要是设坛、烧符等，原本与内丹修炼方法并无太多联系。但到了张宇初那里，情况发生了变化。

> 近世以禅为性宗，道为命宗，全真为性命双修，正一则唯习科教，孰知学道之本，非性命二事而何？虽科教之设，亦唯性命之学而已。[1]

在此张宇初批评了正一派只重视符箓、科教的传统修炼方式，认为符箓、科教这些形式上的东西，并不能实现得道成仙的修炼目标。修道之士，只有静下心来，性命双修、内炼为本，才能实现道教的修炼目标。

张宇初也批判了那些认为只凭借服食金丹大药就能达到长生之目的的说法。"然以人灵于物，又岂全假草木金石而后能造神化之机也哉？"[2]

张宇初主张内丹在修炼中起重要作用。其提出的内丹修炼也是在道、太虚、气等的基础上的修炼。

> 为道之宗，莫过精神专一，澹足万物，去健羡，黜聪明为要，是以虚无为本也。[3]
>
> 真人由精心苦行，炼神养气，而后体合自然，不滞有无，永脱生灭。[4]
>
> 学老子者，舍仙道尚何从焉。其曰内丹，莫不以神气为本。[5]

---

[1] 张宇初：《道门十规》，《道藏》第32册，第148页。

[2] 张宇初：《岘泉集》卷之一，《道藏》第33册，第186页。

[3] 同上书，第185页。

[4] 《元始无量度人上品妙经通义》卷一，《道藏》第2册，第298页。

[5] 张宇初：《岘泉集》卷之一，《道藏》第33册，第186页。

张宇初提出"不溺于金石草木、云霞补导之术，一明乎身心神气、自然之理"①。自然之身心神气才是最好的丹药。张宇初的修炼说是建立在其哲学思想之上的。

> 修炼之士，视身如沤泡，终有生灭。采先天真一之气于父母未生之前，犹天地溟滓初判，再察乾金至刚之杰，以成金胎，是为一灵妙有，历劫长存。虽劫运变迁，三界消坏，万有俱空，而此性居洞虚之妙，独立而不改，周行而不殆是也。则其自强不息，宜无有穷极矣。②

在这里，张宇初把返归虚无之本体，使生命进入神仙境界的养神与炼气结合起来进行阐释。养神与炼气二者在他的修养法中是相辅相成的。

张宇初所精通的雷法，是在神霄雷法基础上发展而来，在修炼中，主张天人合一，内炼和外法结合，以内炼为基础。

> 人禀一灵，并天地而三才，一身造化阴阳，与天地并行而不违也。我之一点灵明，辉天朗地，亘古亘今，了无人识，儒曰虚灵不昧，释曰妙净明心，直下悟取，非心非法，非道非禅，觌面相逢，然机在我。经曰：天发煞机龙蛇起陆，人发煞机天地反覆，天人合发万变定基，其所谓天人合发者，岂非枢阴机阳也哉？人之合乎天者冲气以为和，鬼神者二气之良能，以我纵闭之机役之，则此感彼应。始乎大梵冲漠，混洞赤文之先，然后五篇敷落，万范开张，则五文开廓，普植神灵。故无文不度，无文不生也。大可保镇国祚，小可以保己宁室，济人利物。故曰万法一法也，万神一神也。盖道乃法之体，法乃道之用，故法行先天大道，将用自己元神充之，则弥满六虚，敛之则不盈一握，岂不一神动而万神随哉？③

此法合乎道，以内炼自身精气为根基，内炼则为金丹，外用则为雷霆，采用自身真气来与天地宇宙相应，用符箓来召神出将，修炼真功，定能得成

---

① 张宇初：《岘泉集》卷之二，《道藏》第33册，第214页。

② 《元始无量度人上品妙经通义》卷三，《道藏》第2册，第314页。

③ 张宇初：《岘泉集》卷之七，《道藏》第33册，第247—248页。

正果。

作为明初正一道的代表人物，张宇初传承了传统道教思想，融儒家之理入道教，以太虚为体，在修炼中强调养神与炼气并重，形成了独特的正一道思想体系。

## 阳道生

阳道生，号葆真子，明朝中期人。关于其生年，《真诠》中记载是天顺六年（1462 年）。据其所说："道生受诸太虚，太虚受诸廖阳，廖阳受诸洞真，洞真受诸雪峰，雪峰受诸长春，长春受诸重阳。"[①] 故阳道生是全真派传人。他的著作现存有《真诠》。后人对此书评价很高，认为是学道成仙的真正指南。

体现阳道生内丹思想的《真诠》，分为上中下三卷，主要包含两个方面内容。一是修性的虚无大道之学，二是修命的以神御气之学。

> 神仙之说，养生者所必用也。然其道有二：《文始经》曰："能见精神而久生，能忘精神而超生。"忘精神者，虚极静至，精自然化气，气自然化神，神自然还虚。此虚无大道之学也。见精神者，虚静以为体，火符以为用，炼精成气，炼气成神，炼神还虚。此以神御气之学也。学虚无大道者，虽不着于精气，然与道合真，形神俱妙，有无隐显，变化莫测，其寿无量，是了性而自了命者也，举上而兼下也。以神御气则着于精气矣，然保毓元和，运行不息，冲和之至，薰蒸融液，亦能使形合神，长生不死，是了命而性因以存也，自下而做向上去者也。虚无大道是法身上事，以神御气是色身上事。此二端虽大小不同，然唯此为金丹之真谛，大道之正宗，体之有益，修之则成，非若旁门小术，劳而无功者比。[②]

阳道生认为修炼之学有二，其中一种是虚无大道之学，是"明心见性之学"，是修性之学。另一种是以神御气之学，也就是修命之学。修

---

① 阳道生：《仙学真诠》，《道藏精华》第4集之2，自由出版社，2000年，第8页。

② 阳道生：《仙学真诠》，《道藏精华》第4集之2，第3—4页。

性修命皆可成仙。"了性而自了命"，修性则性中包含的命自可了。而"了命而性因以存"，即命中虽含有性的内容，但不能达到了性的地步。修性是法身上事，是"举上而兼下"；修命是色身上事，是"自下而做向上去者"，二者"大小不同"，故修性重于修命。

气是阳道生思想体系中重要的范畴。气范畴与修命之学，即以神御气之学尤为相关。

阳道生认为，以神御气，就是在精、气、神上修炼，要保精、养气、炼神。人是形、气、神的统一体，精、气、神是人体三宝。人要成道成仙，就要重视精、气、神的保养修炼。

> 颐真子云：形不能生形。生形者，非形也，气也。气不能生气。生气者，非气也，道也。又云：形之万殊，化而不留，唯气之一者，不变。夫气之不变者，殆有所以不变者存。[①]

阳道生认同这一看法，形是由气而生，而气又是由道而生。气化生万物，万物之形是万殊。而气是一，其背后是道。人之生也与气密切相关。

> 《参同契》曰：人所禀躯，体本一气。元精流布，因气托初。
> 人之生也，固以父精母血，凝媾成形，然其所以生者，实天地元和之气也。使无此气，虽有精血，不能成物。可见元和真气，是有形之根柢，生身之处也。人未生时，受此元气，便能从无中生有，长育此身。然则今日即此元气而烹炼之，岂不能长生久视，脱胎神化？[②]

阳道生认为人的身体也是元气化生而来，元和真气是有形的根源，生身的地方。基于这样的宇宙化生理论，阳道生提出人只要能保养元气，就可以修炼成仙。但实际上，常人不懂保养方法。

> 大众人身中元气日日发生，只为不知保养。故被二邪侵削。何为二邪？风寒暑湿，是气之邪。喜怒哀乐，是情之邪。此二邪为元气之

---

① 阳道生：《仙学真诠》，《道藏精华》第4集之2，第42—43页。

② 同上书，第46—47页

贼，日日攻伐，所以元气薄竭，遂至死亡。古仙知道保命，在留得元气住，只没奈他容易走作何？唯是元精能留得他住，所以立修炼之法，教人升元精，保元气，合作一处，至坚至固，不耗不散，禁得二邪攻伐，然后能长生久视而不死矣。[①]

风寒暑湿、喜怒哀乐，此二邪是元气之贼，每天削弱元气，这样元气越来越少，导致死亡。只有元精才能保住元气，将元精和元气合二为一，才能保住元气，从而得到长生。

那元精是什么？

精有元精和淫泆之精之分。

元精与淫泆之精本非二物，凡人未交感时，身中无处有精……盖此时精皆涵于元气中，未成形质。唯道家能萃会元气而酝酿之，不因交感，此精自生，故谓之元精。常人不知酝酿，不能取此元精为用，而元精亦不能生。唯男女交感，此元气化而为精。自泥丸顺脊而下，至膀胱外肾而施泄，则此精即是渣滓之物，而为交感之精矣。自其生于真一之中，则为元精。自其漏于交媾之际，则为淫泆之精。其为元气所化则一也。[②]

元精来源于先天，由元气化生而来。淫泆之精又称交感之精，是男女交媾时排泄出来的精液，由元精转化而来。元精和淫泆之精是一物。

男女交媾，失其精，精失则元气不生，元阳不见。长生需要保精，保精需要断淫欲。因此，阳道生指出：

若欲心不息，灵根不固，则此精之积日薄，而元气之生日少，渐渐竭尽以至于亡。[③]

断欲则保精，精满则气壮，气壮则神旺，神旺则身健，身健则少病，

---

① 阳道生：《仙学真诠》，《道藏精华》第4集之2，第47—48页。

② 同上书，第48—49页。

③ 同上书，第52页。

少病则能长生。相反，著于欲则失精，精失则气少，气亡则身死。所以保精的关键，应该在断欲。

精气神三者紧密相关。气生精，精在气中，精又能保气。神则是存在于气产生和存在的基础之上，而气又受神的控制支配。神有元神和思虑神。阳道生认为元神是元性，是从太极中获得的灵光。元神由气凝结而成。心受天一点灵明，故为元神。元神被情识所奴役，则成思虑神。思虑神常浑浑噩噩，当人回光返照之时，思虑神可变为元神。

虚静无为是养神的方法。心虚则欲望不起，心静则念头不生，心神致虚守静，凝神静气，神气合一，自然精气充盈，形体强壮，如此就能长生。

以神御气，就是要通过修炼自己体内的精气神，达到炼精化气，炼气化神，炼神还虚，如此就可以得道成仙。以神御气，具体修炼步骤可以分为以下几步。

第一，安炉立鼎。

> 初学且须理会安炉立鼎，慎起居，节饮食，调寒暑，少眠睡，收拾身心，惜精惜气惜神，使四大安和，神完气壮，则此身心方成炉鼎。[1]

以身心为炉鼎，炉是鼎的外垣，指身。炉分八门，指目、耳、口、鼻，是开闭的门户。

第二，入药发端。营静室，室中不能太亮，也不能太暗，只要一盏灯、一张床。办肯心，学道人要立志学道，勇往直前，遇到挫折不生退撤之心，只要肯修炼，就会有成就。摈众缘，应抛去外事，以免妨心乱性。学打坐，身须平直，修炼过程中不可太急，不可太过，呼吸舒缓，节奏适中，心息相依。

第三，产药川源。元精在肾中产生，但元精不是由肾产生，也不能在肾外形成，肾就是元精的产药川源。

第四，坤为道庐。元精在肾里产生，但需要静翕才能形成。炼丹是以阴生阳，而静极生阴，因此坤为大丹之庐舍。

---

[1] 阳道生：《仙学真诠》，《道藏精华》第4集之2，第68页。

第五，阳施阴受。

> 满太虚中只是一个元气，此气即是天。此气中渣滓结成大块，即是地。此气有消息，即是阴阳。每年秋冬时，此气收敛在地中，到冬至则又自下升上，生生化化，积渐升到极致处，又渐消去。亘古亘今，常常如此。地中生物的，即是此气。无此气，则地不能生物。是生物者，地也。所以生物者，天之气也。地但翕聚而布宣之耳。作丹亦必心气下交于肾，肾含受而翕聚之然后成。①

炼丹要仿造天地元气化生万物。天之气是化生万物的根源，地聚集气，才能化生万物。阳施阴受，元精的形成也要心气下交在肾中，肾含受而翕聚才能成。

第六，凝神入气穴。凝神是使息念返于身中，神还回心内，神回心里则气返身中，气渐渐沉在气穴里。气穴是华池，华池是肾，华池在气海里。作丹时气沉到气海，不是人为想做而能做到的。但气穴是有所在则有所不在，无所在则无所不在，炼丹不能专注在某一处。

第七，回光返照。凡人的神只照在身外，不关照自己的身体。修仙者就要使身外的神收回身内。人只有一个元气，回光返照就是把元气完全收回身内。

第八，回光返照下手之功。专守先天元气，如婴儿保全天真柔和的本性，心灵清净无杂念，心息相依。呼出元气，吸入先天真一之气，元气就有增加，根源牢固，就可以夺天地之正气。如根源不固，则精竭气弱，元气泄，所吸入的天地之正气会随呼而出，元气就不会被自己所拥有而反被天地所夺。呼吸自然，在于调息。

> 夫息出入有声谓之纵，出入不尽谓之滞，往来频促谓之喘。不纵不滞不喘，绵绵若存，用之不勤谓之息。纵则散，滞则结，喘则劳，守息则定。所谓调者，皆欲其不纵、不滞、不喘而已。②

---

① 阳道生：《仙学真诠》，《道藏精华》第4集之2，第76页。

② 同上书，第83页。

调息就是要做到不纵、不滞、不喘。调息自如，而且心要离境。心息相依，呼吸由粗到细，心就可以离境。

第九，胎息。神气复归于身内，呼吸像胎息一样。胎息是什么？

> 一气聚于气海，肾气不上升则其息住。盖调息久久，神愈凝，息愈微。又久，则鼻中全无呼吸，止有微息在脐上往来，与婴儿在胎中一般，所以谓之胎息。乃神气大定，自然而然，即非曲留强住，有所作为而然也。[①]

胎息，不是闭气，不是内气不出，外气不入。胎息后气归元海。

第十，先天。

> 修炼至于胎息，则八脉皆住，溟溟涬涬，入于混沌。此正交媾之时，一身五行之气会于丹田，谓之攒簇五行，和合四象，谓之太乙含真气，谓之先天一气。[②]

先天一气，又称为太乙含真气。太乙是指神凝气聚合而为一，无内无外，无形无相，与道冥一。人虚极静笃，才能产生先天一气。故要从心中找先天。

第十一，阳生。炼丹是产生正阳之气。先天元气是父母之真气，后天是元精。先天产后天，元气产元精。肾中父母之真气是铅，气中的真一之水是铅中银。液中有正阳之气，是砂里汞。液从心气转化而来，心气来自肝气，肝气来自肾气。因此，正阳之气是以真铅制真汞。

第十二，采取。采取正阳之气。正阳之气生时，很容易流失。身一动，正阳之气就散了，意一弛，正阳之气也散了，杂念一生，正阳之气也散了。身心寂然，正阳之气就不会逸散。正阳之气自然升降，随道上升，降入丹田就能成至宝。

第十三，守乾。守乾在先天则凝神入坤脐而生药，在后天则移神入乾顶而成丹。凝神入坤脐，神凝则气返于身中，久了气自沉入气海。移神入乾顶，真火自发，真阳自升，神自然返绛宫。神不能著一处，气是

---

① 阳道生：《仙学真诠》，《道藏精华》第4集之2，第88页

② 同上书，第90页。

自然升降，不是人为运用。

第十四，黄道。此是指气一天一夜在身内运行的路径。坎离二气从脚进入尾闾，上达二肾，坎离水火自然凝合，从此上夹脊双关，升到凤府二十四椎，最上流到泥丸，再从泥丸而下明堂，散入五宫，经过重楼玉关，一直降到绛宫，重新流入本府，日夜循环，周流不息。

第十五，火候。此是指气进退的时机。神是火。候有两种，有候即有审察妨闲的候，无候是无时刻无限度的候。火候主要是调息，调息和平，气自然升降。

第十六，温养。此是指火符进退、抽添增减不宜太燥，而应勤节用功，养之温温，存之绵绵。温养在于守真息。守真息和神气相交是相互的，气流全身，生生不息，神气时时相交。

第十七，刑德。此是指用自然中的春生秋杀比喻火候进退及时。火候修炼到卯酉时要讲刑德。卯酉是阴阳平分的时候。阳为德，德主万物生长，阴为刑，刑主万物死亡。卯月是四阳二阴，二阴不能战胜四阳，但杀气未断绝，故是刑。酉月是四阴二阳，二阳不能战胜四阴，但生机还在，故是德。

第十八，冲和。此是指借火炼气。共有五等：臣气冲和、民气冲和、肘后飞金精、元珠落丹宫、周天火候，各等有不同的感觉。每一等，学道者都应一鼓作气修炼完，中间不得停顿。

第十九，炼神。炼神有两种：练气化神和炼神还虚。修炼到冲和，若没有炼神这一环节，人只能保命延年，不能超脱。身心寂不动，才能修得见元神本命。

第二十，结丹。丹成是指身心合一，神气混融，性情成片，结成圣胎。修仙者炼精化气，结成婴儿。此婴儿是由圣父灵母之气所构成，是真性纯阳，并不是真有一个婴儿。通过炼精炼气，使心养得元神灵妙，即纯阳境界。

第二十一，脱胎。此指阳神出壳，又称超脱。人有躯体，要受天地之间的阴阳所役，不能飞升超脱。只有当到达真空无我的境地，人处在虚静之极，就不会受自身形体的限制，然后能脱胎神化。

第二十二，还元。此是指脱胎之后与虚空同体。脱胎后，要把所证所得归于虚无，如此才能与虚空同体。若存有超脱之心，就是著于超脱，无论如何修炼也无法与虚空同体。

以上就是阳道生的以神御气之学。他融合了金丹派南宗和早期全真道北宗两派学说。其本意是神气结合，但事实上它变成了神、气分离之学。在论说中出现了许多神、气分离的事例。如对于"凝神"的解释，他说要神返于心，让气沉到气穴中去，明显是神气分离。对于采取先天一气，他也认为不是意或神采取。同样，气在人身中升降运行，非人升降之，即非意迎目送之。只要做到无为、虚静、自然，气自然在人身中运行，神常无为，气自升降。这根源于阳道生对修性重于修命的理解。既然修性重于修命，神就要高于精气，故不可能神即气。在修命之学中，他强调神的虚无、自然，致使其以神御气的作用并不能够展现，神归神，气归气。这样以神御气之学，变成了神气分离之学。神与气的关系，在阳道生那里不是神即气的合一，而是分离式的超越或关照。

明代全真龙门派著名内丹家伍守阳曾批评阳道生这一看法：

> 彼言神返于心，则神归本位矣。气亦返于身也，只言归得本位。不似张、白二真人所说，神入气穴是神气交媾在此，正有修为处。非神返气返，各归而不合一，便可证道者。此《直议》之错认心与气穴，大悖道也。[1]

《直议》即是《真诠》。伍守阳认为张紫阳与白玉蟾的神入气穴是神气交媾，而阳道生的神返气返，各归而不合一，所以伍守阳说他们的观点都是错误的。

## 陆西星

明代著名道士陆西星是道教东派祖师，他是明清时期内丹双修理论的集大成者，对双修原理的论述是其对内丹修炼理论的重要贡献之一。

陆西星（1520—1606），字长庚，号潜虚子，又号方壶外史，江苏兴化人。早年学习儒学，多次科举不中，遂决意学道。后自称得遇吕祖，开始修炼内丹入门功夫。陆西星著作甚多，所著《方壶外史》八卷，包

---

① 伍冲虚、柳华阳：《伍柳天仙法脉》，宗教文化出版社，2007年，第305页。

括《道德经玄览》《悟真篇小序》《周易参同契测疏》《参同契口义》等。另外还有《三藏真诠》笔记手稿三卷，但现存世的只有残卷。

性命双修是陆西星修道思想的核心，而阴阳学说是陆西星的丹学基础。从修道理论基础的构建，到修道过程和修道成果的彰显，整个内丹学体系无不与阴阳思想息息相关。

道教认为宇宙本原是和合之气，由此和合之气化生万物，人也是由气构成的。陆西星的理论融合儒道。其友人赵方宇在《玄肤论·后序》中转述陆西星解释其丹道理论时说：

孔子曰：一阴一阳之谓道，仁者见之谓之仁，智者见之谓之智，百姓日用而不知……且夫造化二五，陶铸百物，象形虽殊，体本无二，莫不定阴阳之位，构真乙之精，顺施化之理，立性命之基。故曰：天地氤氲，万物化醇，男女构精，万物化生。如斯而论，可谓本末兼该，上下俱尽者矣。故天不变则道不变，道不变则体是道者也，亦可使之不变。而长生久视之道，端在于此。[①]

以周易的阴阳之理作为其修仙证道的理论根基，是修道者得以长生久视的本源和性命的基础。陆西星以先天图的方式构筑了一套由道气化生万物的宇宙生成过程。在注解《老子》中"道生一，一生二，二生三，三生万物"时，陆西星认为：

道者，无名无相，根于太极之先，始生一气，为生天生地、生人生物之根，是谓元始祖气。至虚至静，静极而动，遂分阴阳。阴阳二气，纲缊交通，复合为一，故二而生三。三体重生，万物乃出。《易》曰："易有太极，是生两仪。"又曰："天地纲缊，万物化醇。"周子曰："无极而太极。"世儒不知此理，遂以无极太极合而为一，而曰非太极之上复有无极，是徒知一之生二，而不知道之生一，得其宗而忘其祖也。且夫一二与三，皆落名数，谓之一者，但浑沦而未判，体具而未分耳。[②]

---

① 《玄肤论·后序》，《藏外道书》第5册，第367页。

② 陆西星：《老子道德经玄览》，《藏外道书》第5册，第238页。

道即先天真乙之气；道生一，一即元始祖气；一生二，二即阴阳二气；二生三，三即阴阳二气复合为一，加之阴阳二气。他认为自虚无而生一气，而成阴阳变化之妙。阴阳互藏，动静相涵，天地万物由此顺化而生。道即先天真乙之气，既是宇宙万物生成和发展的根源、动力，又是万物所以存在的原因、归宿。陆西星修正了后儒对无极而太极的误解，认为将无极太极合二为一是错误的。真乙之气是无极，元始祖气是太极。无极而太极，是无极而生太极，真乙之气而生元始祖气。

陆西星著有《金丹大旨图》，用图片和文字结合的方式，系统地阐述了他的生化思想。第一图是：先天无极之图。陆西星认为，先天真乙之气便是道之体，即无极。先天无极是宇宙最初的本原状态，"方其未有动机，故漠淳无光，声臭俱泯，谓之无极"①。第二图是：太极未分之图。陆西星引用《悟真篇》云："道自虚无生一气，便从一气产阴阳。"太极是道体所生，是无极所化，是阴和阳并未具有分象之时。第三图是：太极分阴阳之图。太极开始分化为阴阳两仪。第四图是：阴阳互藏之图。"天地既判，日月运行，照耀交光，而造化生焉。"此一阶段，宇宙实现了生生大化，呈现出一片勃勃生机。阴和阳成为贯穿大道万物的基本秩序。

人作为宇宙万物中的一员，也为阴阳之气构成。"万物负阴而抱阳，冲气以为和，言万物之生负阴以肖地，抱阳以肖天，而冲虚之气流行于中以肖天地之和。即此冲和之气是为性命之根。"②人身中之气即是天地之气，常与天地之气流通。所以炼内丹就是采天地之气与自己身中之气配合。

> 金丹之道，必资阴阳相合而成。阴阳者，一男一女也，一离一坎也，一铅一汞也，此大丹之药物也。夫坎之真气谓之铅，离之真精谓之汞。先天之精积于我，先天之气取于彼。何以故？彼，坎也，外阴而内阳，于象为水为月，其于人也为女；我，离也，外阳而内阴，于象为火为日，其于人也为男，故夫男女阴阳之道，顺之而生人，逆之而成丹，其理一焉者也……阴阳二五妙合而凝而人生焉，其始也太朴

---

① 陆西星：《金丹大旨图》，《藏外道书》第5册，第372页。

② 陆西星：《老子道德经玄览》，《藏外道书》第5册，第238页。

未雕浑然太极之全体……于赤子未知犯牡之合而埈作精之至也……是
阴阳之纯也,斯时也,之体浑沦完固,何假于取何事填?得而修之,
则无为之上德又何加焉?及夫情窦一开阴阳交感,则先天之气乃奔撅
而逸于坎中,故三画纯乾乃破,其体而为离,离为日,日是之离大省
之暖矣,能久视乎。故丹法取坎。取坎者补其既破之乾也,填其既虚
之画也,复其纯阳之体也,此神仙还丹之说也。①

陆西星认为"彼我之气,同一太极之所分",男女都是从同一太极中
分化而来,先天具备纯阳纯阴之体。之后遭受后天习染,纯阳纯阴之体
既破,欲修仙道,就要模仿阴阳交合、精气互施。此种炼丹法,陆西星
称为"人元大丹"。这是传承了道教丹道理论,即归根复命,由后天返
回先天,补回先天之元精。

所谓元精,非交感之精之谓也。精藏于离,心中之真液也。所谓
元气,非口鼻呼吸之谓也。气藏于坎,虚无中之真气也。所谓元神,
非思虑之神之谓也。神通于无极,父母未生以前之灵真也。夫人,一
太极也,精气即太极之阴阳也,神即太极之无极也,是谓元精、元气、
元神。②

元精即是人心中的真液,元气即是虚无中的先天真乙之气,元神即
是人出生之前的灵明真神。先天的精气神都是不可见的,并不是有形的
物质,凡是落于后天可见之物,例如,涕、唾、津、精、气、血、液,
都是属于后天的精气神之类。丹道家所说的精是指"元精",也谓之"真
精",而世俗所谓的精多指精液,即丹道家所谓的"后天精""交感精"。
丹道家所说的悉是指"元气",而世俗所谓的气,多指口鼻呼吸之气。
丹道家所说的神是指"元神",
也谓之"元性",而世俗所谓的神,多指后天思虑之神。
内丹须以炼己为入手功夫。

---

① 陆西星:《金丹就正篇》,《藏外道书》第5册,第368页。
② 陆西星:《玄肤论》,《藏外道书》第5册,第362页。

金丹之道，炼己为先。己炼则神定，神定则气住，气住则精凝，民安国富，一战而天下定矣。[①]

炼制内丹首先要补全人体亏损的精气神，待神定、气住、精凝之后，才进入内丹的真正修炼。根据精、气、神的融合程度，内丹修炼过程大体可以分为四个阶段，即筑基炼己、炼精化气、炼气化神、炼神还虚。筑基炼己恢复人体精、气、神三全，炼精化气将元精化为元气，炼气化神以元气合于元神，炼神还虚则一神常在大定、圆通无碍。

筑基炼己是内丹的入手功夫，目的在于补回已经散失的先天之精。筑基是比喻，就如盖房子首先要铺好地基，修炼内丹也一样，要先打好基础。筑基炼己是采先天之气补已散之体，具体包括调息、守中和用敬。

调息。息可以分为两种，即凡息和真息。

所谓息者，有二焉，曰凡息，曰真息。凡息者，口鼻出入之气也；真息者，胎息也，上下乎本穴之中。[②]

凡息就是日常生活中通过口鼻呼吸，真息是指主观上不以口鼻呼吸，而体会呼吸似在脐部进行，如胎儿般，所以也称为胎息。调息不是有意识去控制气息，调息不能着意，而是自然依息，非逐于息。

调息又自调心始。调心者，摄念归静，行住坐卧，常在腔子。久久纯熟，积习生常，自然操雪柔埏，与息相和也。[③]

调息的修炼要从调心做起。要静坐，体静然后才能心静。

守中。守中指清静无为、温养之道，即为澄神遣欲。"凝神之要，莫先于澄神；澄神之要，莫先于遣欲。《清静经》云：'遣其欲而心自静，澄其心而神自清。'《易》曰：'圣人以此洗心，退藏于密'所谓洗心，

---

① 陆西星：《金丹就正篇》，《藏外道书》第5册，第368页。

② 陆西星：《玄肤论》，《藏外道书》第5册，第365页。

③ 同上书。

即澄神之谓也。周子曰:'无欲故静。'所谓无欲,即遣欲之尽也。"①

用敬。陆西星所谓"敬"与儒家所主张的不同,主要指一种无思无虑的心理状态。"铅是阴中之阳,以心作,起落用敬,以取真铅之黑。所以用敬,盖因人一身所有者,皆是油气,则皆是阴也;能敬,则思虑不起,清气自如。"②从心上开始做功夫,敬是一种纯净的心灵状态,杂念不起。

炼精化气是仙术的第一阶段。此阶段的任务是使精、气、神化归气、神,精与气合炼为先天之"气"。药是指先天之气,药是自身所无的,只能从体外摄取,而火是指先天之神,藏于自身。将采得之药物,送至下炉封存,也即采得先天之精和先天之气,要封存于丹田中,不使精气走漏。在丹田中烹炼封固的先天精气。真气升降往还一次,形成一次周天。小周天要运行三百次结束。最后阶段,通过内视可以感觉体内充满真气,丹光上涌,这就是所说的"定立见丹成"。

炼气化神也称为中关、十月关、大周天,是神与气合炼,诞生圣胎。炼精化气在中丹田形成内丹(真汞),在下丹田形成大药(真铅)。在大药炼制中元气会慢慢化尽,而元神因为得到元气的培育则不断明朗,正如用米做饭过程中水渐干,而米渐长。当元气彻底断绝之时,人体会发生奇妙变化,不再有饥饿之感,不再有疲乏之困,六识得到了强化,精神得到了净化,可以体悟到平时未发现的景象。

炼神还虚是内丹修炼的最高阶段,此功法是一种无为功法。将练气化神而诞生的胎从中下二丹田迁入上丹田中,发现阳神脱胎时机已到之后,及时出胎。在脱胎神化之后,还需要做炼虚合道的功夫。要将已经出窍的阳神收归祖窍,再做修炼之功,最终归还虚无。

陆西星的炼丹理论,继承了《周易参同契》《悟真篇》的内丹功夫理论,又结合了宋明理学修养功夫,从精气神开始,炼气成丹。这是明代思想界三教合一趋势下在道教理论和修行方法上的表现。

---

① 陆西星:《玄肤论》,《藏外道书》第5册,第364页。

② 同上。

# 参考书目

高攀龙：《高子遗书》，文渊阁四库全书本。

张宇初：《岘泉集》，《道藏》本。

张宇初：《道门十戒》，《道藏》本。

方以智：《物理小识》，清光绪本。

吕　柟：《四书因问》，文渊阁四库全书本。

薛　瑄：《读书录》，文渊阁四库全书本。

薛　瑄：《读书续录》，文渊阁四库全书本。

吴与弼：《康斋集》，文渊阁四库全书本。

胡居仁：《居业录》，文渊阁四库全书本。

胡居仁：《胡文敬集》，文渊阁四库全书本。

胡居仁：《易象钞》，文渊阁四库全书本。

曹　端：《曹端集》，中华书局，2003 年版。

陈献章：《陈献章集》，中华书局，1987 年版。

湛若水：《湛甘泉先生文集》，《四库存目丛书》集部第 56—57 册，齐鲁书社，
　　　1996 年版。

王阳明：《王阳明全集》，上海古籍出版社，1992 年版。

王　畿：《王畿集》，凤凰出版社，2007 年版。

王廷相：《王廷相集》，中华书局，1989 年版。

罗钦顺：《困知记》，中华书局，1990 年版。

魏　校：《庄渠遗书》，文渊阁四库全书本。

吴廷翰：《吴廷翰集》，中华书局，1984 年版。

吕　柟：《泾野子内篇》，中华书局，1992 年版。

吕　柟：《泾野先生文集》，《续修四库全书》，集部第 1337 册，上海古籍
　　　出版社，2002 年版。

来知德:《周易集注》,文渊阁四库全书本。

吕　坤:《吕坤全集》,中华书局,2008 年版。

方以智:《东西均》,中华书局,1979 年版。

刘宗周:《刘宗周全集》,浙江古籍出版社,2007 年版。

黄宗羲:《黄宗羲全集》,浙江古籍出版社,1985 - 1994 年版。

阳道生:《仙学真诠》,《道藏精华》第 4 集之 2,自由出版社,2000 年版。

陆西星:《金丹就正篇》,《藏外道书》第 5 册,巴蜀书社,1994 年版。

陆西星:《玄肤论》,《藏外道书》第 5 册,巴蜀书社,1994 年版。

陆西星:《老子道德经玄览》,《藏外道书》第 5 册,巴蜀书社,1994 年版。

周敦颐:《周敦颐集》,中华书局,2009 年版。

张　载:《张载集》,中华书局,1978 年版。

程　颢、程颐:《二程集》,中华书局,1981 年版。

陆九渊:《陆九渊集》,中华书局,1980 年版。

朱　熹:《朱子全书》,上海古籍出版社、安徽教育出版社,2002 年版。

张立文:《中国哲学范畴发展史》,中国人民大学出版社,1988 年版。

张立文:《中国哲学逻辑结构论》,中国社会科学出版社,2013 年版。

葛荣晋:《中国哲学范畴通论》,首都师范大学出版社,2001 年版。

蔡方鹿等:《气:中国哲学范畴精粹丛书》,中国人民大学出版社,1990 年版。

张学智:《明代哲学史》,北京大学出版社,2000 年版。

吴　震:《阳明后学研究》,上海人民出版社,2003 年版。

# 后 记

自从确定课题、动笔写作以来，数个春秋转眼即逝。这是一段令人愉悦又艰辛的历程。翻阅文献，跨越数百年，和那个时期最有智慧思想的人交流，让我充满了兴奋和愉悦。那些学者对于天地万物、社会人生的关注和思考足以让人叹服，非我能望其项背。限于学识有限，我只能尽我所能去勾勒他们思想的大体轮廓。望有识之士批评指教。

同时，本书的完成得到了家人及师友的鼓励。他们无私的帮助，解决了我的后顾之忧，给我提供了精神动力。在此诚表谢意。

本书是浙江省哲学社会科学规划立项课题（14NDJC040YB）的成果。感谢浙江省哲学社会科学规划办公室对于课题的支持。

陈慧麒

2018 年冬于杭州师范大学